主编　矫婷羽　苗艳菲　赵新宇

简明英汉翻译

新 华 出 版 社

图书在版编目（CIP）数据

简明英汉翻译 / 矫婷羽 , 苗艳菲 , 赵新宇主编 . --
北京 : 新华出版社 , 2023.9
ISBN 978-7-5166-7053-8

Ⅰ . ①简… Ⅱ . ①矫… ②苗… ③赵… Ⅲ . ①英语—
翻译—研究 Ⅳ . ① H315.9

中国国家版本馆 CIP 数据核字 (2023) 第 184051 号

简明英汉翻译

主编：矫婷羽　　苗艳菲　　赵新宇
出版发行：新华出版社有限责任公司
　　　　　（北京市石景山区京原路 8 号　邮编：100040）
印刷：天津和萱印刷有限公司

成品尺寸：185mm×260mm　1/16　　　印张：10.75　　字数：202 千字
版次：2025 年 1 月第 1 版　　　　　印次：2025 年 1 月第 1 次印刷
书号：ISBN 978-7-5166-7053-8　　　定价：72.00 元

微店

视频号小店

抖店

京东旗舰店

微信公众号

喜马拉雅

小红书

淘宝旗舰店

扫码添加专属客服

作者简介

矫婷羽，女，讲师，英语语言文学硕士，主要从事英语教学、英语翻译等方面的研究。主持和参与省级项目 3 项，发表学术论文 10 余篇。

苗艳菲，女，英语语言文学硕士，现任鲁迅美术学院副教授。主持或参与省级课题 7 项、校级课题 1 项；获评省级精品课 1 项、校级精品课 1 项、市级教学奖励 1 项；荣获省社会科学界联合会征文大赛二等奖；出版专著《现代高校英语教学理论与实践综合研究》《多元文化碰撞下的英语翻译研究》《"一带一路"背景下大学英语跨文化教学改革新思考》；参与编写专著 4 部、国家级规划教材 6 部；发表 SCI 高质量论文 2 篇，在省级以上刊物发表论文数十篇，翻译并发表美术相关文献 170 余篇。

赵新宇，1985 年 1 月出生，鲁迅美术学院英语教师。2010 年毕业于辽宁大学，获硕士学位。曾多次参与省、市级课题，发表省级以上高质量论文多篇。

前　　言

进入 21 世纪，高等教育呈现快速发展的趋势。我国高等教育从外延式发展过渡到内涵式发展后，质量已成为教育改革与发展的关键词。我国英语专业在过去的数十年中经过几代人的努力，取得了显著的成绩和长足的发展，特别是近年来随着经济社会的快速发展和对外交流活动的增多，以及"一带一路"倡议的提出和"讲好中国故事"的需要，英语专业的学科地位大大提升，其规模目前十分庞大。英语专业虽然经历了一个"跨越式""超常规"的发展历程，但规模化发展带来的培养质量下滑、专业建设和人才需求出现矛盾、毕业生就业面临巨大挑战等严峻的现实表明，英语专业的教育、教学又到了一个不得不改的关键时刻。

翻译是实践性很强的跨语言、跨文化交际活动，如果离开了翻译实践，对学生翻译能力的培养和提高必然如"水中捞月"，可望而不可即。没有理论指导的实践是盲目的实践。一些译者的翻译能力之所以强，译品质量上乘，固然是他们孜孜不倦地实践与积累的结果，但这种实践与积累如在理论的指导下进行，则会事半功倍。

英汉两种语言在谱系、语音、词汇、语法、篇章、语用等方面迥然有别，是因为两种语言根植于不同的社会、文化，所以成功的译作不仅反映了译者对所涉语言的熟练运用，也体现了译者对所涉语言背后文化的深刻洞悉。翻译这一工作不仅仅是对词语和技巧的使用，还需要上升到思维方式的转变甚至观念的改变。翻译本身就是不同文化间交流的产物，是一种跨文化交际活动。因此，不断培养译者的跨文化意识，树立文化翻译观，对他们进行翻译理论研究和翻译实践都有极其重要的意义和实用价值。正是由于正确认识了文化在英汉翻译中的作用，本书专门分析了英汉两种文化的主要差异，并在此基础上提出了多种翻译技巧。

本书共五章。第一章为翻译概论，包括翻译史简介、翻译的标准、翻译的方法三方面内容。第二章为词汇翻译，阐述了英汉词汇对比、词义的选择和引申、词汇的翻译方法三方面内容。第三章为句子翻译，论述了英汉句法对比、比较句的理解与翻译、状语从句的理解与翻译、名词从句的理解与翻译、习语的理解与翻译等内容。第四章为语篇翻译，介绍了语篇的类型和翻译、英汉语篇对比、英汉语篇翻译技巧等内容。第五章为文学翻译，主要介绍了四个方面的内容，分别是科技文体的特点及其翻译、应用文体的特点及其翻译、论说文体的特点及其翻译、艺术文体的特点及其翻译。

在编写本书的过程中，编者得到了许多专家学者的帮助和指导，参考了大量的学术文献，在此表示真诚的感谢！本书内容系统全面，论述条理清晰、深入浅出。

限于编者水平有不足，加之时间仓促，本书难免存在一些疏漏，在此，恳请同行专家和读者朋友批评指正！

编者

2022 年 11 月

目　录

第一章　翻译概论

翻译是文化交流的纽带和桥梁，在中西方各自的文化历史发展过程中，起着十分关键的作用。可以说，没有翻译史，就没有世界文明史。本章内容为翻译概论，阐述了翻译史简介、翻译的标准、翻译的方法三方面内容。

第一节　翻译史简介

一、翻译的概念

何谓翻译？简而言之，即"换易言语使相解也"。翻译是指把一种语言文字的意义用另一种语言文字表达出来。

自人类沟通交流伊始，翻译活动就相伴相随。中国有文字记载的翻译活动始于公元前1世纪《越人歌》的翻译，西方最早的翻译是公元前3世纪《圣经》的翻译。在漫长的两千多年的翻译历史长河中，古今中外的翻译名家从不同角度对"翻译"进行了界定和阐释，反映出人们对翻译实践活动的认识。

最初，译者多用比喻的方式概括自己对翻译的理解，认为翻译"如翻锦绣，两面俱华，但左右不同耳"，或如"做游戏或者绘地图"。著名翻译家傅雷认为，翻译如临画，如伯乐相马，所求的不在形似，而在神似。也有人说翻译是桥梁和渠道，使原作者的思想与读者的思想得以沟通。

后来，学者们开始从语言学角度界定翻译。美国著名语言学家、"当代翻译理论之父"尤金·奈达认为，所谓翻译，是指首先在意义上，其次在风格上，用自然流畅的译语再现与源语信息最相当的对应信息。我国当代著名翻译家张培基则认为，翻译是运用一种语言（译语，target language）把另一种语言（源语，source language）所表达的思维内容准确而完整地重新表达出来的语言活动。随着翻译实践活动的多元发展和人们对翻译认识的深化，学者们发现翻译不仅是一种涉及两种语言符号对应关系的技巧和能力，还是一种需要融合多种学科才能产生上乘译作的技艺，包括语言学、文化人类学、心理学和交际学等。

翻译定义的衍变反映了翻译实践活动的动态变化，并指导着翻译实践活动。语言学视角下的翻译定义从实用的角度科学地揭示了翻译的本质特征：翻译就是把一种语言文字（源语）所表达的意义完整、准确地用另一种语言文字（译语）表达出来，是一种比较性的、跨语言、跨文化、跨时间、跨空间的复杂的言语交际活动。

二、中国翻译的发展史

中国是一个具有几千年文明历史的古国。据文字记载，早在周代就有了翻译活动。夏商周时期，人们之间的通信十分频繁，许多不同的民族和部落居住在同一块疆域内是十分普遍的。据《左传》记载，仅在周朝领土上就有山戎、犬戎、白狄、赤狄等十多个部族。这些不同的部族与居住在中原的华族在语言、饮食、风俗文化等方面有很大的不同。《左传》记载，戎族酋长戎子驹支曰："我诸戎饮食衣服不与华同，贽币不通，言语不达。"华族要与诸多异族交往，就必须有翻译。在《周礼》《礼记》中均有对周朝翻译官职的记载。《后汉书·南蛮传》记载了周代的口译："交趾之南有越裳国。周公居摄六年，制礼作乐，天下和平。越裳以三象重译而献白雉。"这句话里的"象"，即翻译官，后专指翻译南方语言的翻译官。《礼记·王制》中说："中国、夷、蛮、戎、狄……五方之民，言语不通，嗜欲不同。达其志，通其欲，东方曰寄，南方曰象，西方曰狄鞮，北方曰译。"除"译"之外，"寄""象""狄鞮"均为翻译官。西汉人刘向在《说苑·善说》中记载了鄂君子晳请人翻译《越人歌》一事，是我国较早关于笔译的记录。《后汉书·南蛮西南夷列传》中记载有白狼王唐菆作诗三章，即《远夷乐德歌》《远夷慕德歌》和《远夷怀德歌》。《后汉书》不仅记载了这三首诗的作者、译者姓氏，而且保存了这三首诗的原文汉字记音。这是我国关于诗歌翻译最早的文字记载。

从汉代起，由于在政治、军事上与北方交涉频繁，"译"逐渐成了总称。"翻"字也从东汉起使用。南北朝时期的佛经译著中已开始使用"翻译"二字。

中国历史上出现过四次翻译的重要时期。第一个时期是东汉至隋唐时期的佛经翻译，第二个时期是明末清初的自然科学翻译，第三个时期是近代的文学翻译，第四个时期是中华人民共和国成立后的翻译。这四个时期留下了丰富的译学思想和翻译资料，为现当代翻译学奠定了基础。

（一）第一个时期

人们对佛经翻译的起源观点不一，一般认为，西汉哀帝刘欣时期的《浮屠经》当为我国最早的佛经译本。大规模的佛经翻译则始于东汉桓帝建和二年（148），译者有安息（波斯）人安清与西域月氏人支娄迦谶（支谶）。安清，字世高，天资聪颖，笃信佛教，精于西域语言且通晓汉语，译有《佛说大安般守意经》等35部经书，开后世禅学之源，被尊为中国译经的先驱。他所译佛经"义理明晰，文字允正，辩而不华，质而不野，为翻译之首"。支娄迦谶和他的弟子支亮及再传弟子支谦都博学多闻，以翻译佛经闻名于世，当时有"天下博知，不出三支"之说。支娄迦谶不仅译经多，而且对翻译理论有精深的研究，其所著《法句经序》是现存最早的翻译理论文章。文中提出了"文"与"质"两种对立的翻译观，并对质派观点做了细致的阐述。

中国第一位本土翻译大家及翻译理论家当推道安。道安，俗姓卫，常山扶柳（今属河北省）人。他组织翻译了经书14部187卷，共100万余字，还厘定了翻译文体。道安还创造性地总结了翻译规律，提出了著名的"五失本，三不易"的翻译原则。"五失本"即认为前代译经有五种改变原梵文经书的表达方式的情况，"三不易"大体上是说时间的推移造成习俗的改变、译者才智远不如原经的圣人作者、译者态度精力上的不足三个方面导致翻译很不容易。道安主张直译，他说，他所监译的经卷，要求"遂案本而传，不令有损言游字；时改倒句，余尽实录也"。道安的翻译思想对后世影响巨大。

比道安稍晚的鸠摩罗什从小熟悉梵文胡语，十几岁就通晓佛经，主持翻译的佛经达400多卷。他主张"意译"，其译文不拘原文体制，变通达顺。但其意译并非没有节制，依然"务在达旨"，达到了很高的成就，"有天然西域之语趣"。鸠摩罗什倾向于"不可译论"。他说："改梵为秦……有似嚼饭与人，非徒失味，乃令呕哕也。""嚼饭与人"的妙喻，即出于此。

隋文帝统一中国后，大举兴佛，开启了佛教发展的新高峰。玄奘，通称"唐三藏""三藏法师"，俗姓陈，名祎，洛阳人，13岁即落发为僧。于唐太宗贞观三年（629）冲破官府的重重阻挠，西去印度学佛求经。17年间，刻苦学习梵语与西域语言，考察当地风土人情，对佛学研究更是不遗余力。贞观十九年（645）学成回国，带回梵文经书657部和大量佛物，受到热烈欢迎。随后在唐太宗的支持下建立译场，潜心翻译佛经，传布佛学要义。19年间共译经75部，1335卷，占唐代新译佛经半数以上；同时还将《老子》《大乘起信论》等译成梵文，传入印度。他主持的译场有完备的组织，特别注重译文的检查和修改，即使现在来看也是十分科学的，因此成为后世译场的楷模。据后人研究，玄奘的翻译熟练地运用了补充法、省略法、变位法、分合法、译名假借法、代词还原法等技巧，但其本人对翻译理论却鲜有论述，目前能见到的只有记载于《大唐西域记》序言中的"五不翻"观点，即五种音译的情况。音译即不翻之翻。这五种情况是咒语之类的神秘语、多义词、中国无对应物的词语、通行已久的音译，以及为弘扬佛法需要的场合。尽管"五不翻"主张精到全面，但与玄奘在翻译实践上取得的成就相比，还是很不相称的。

玄奘以后，佛教活动逐渐走向平淡，以潜在方式成为中国文化深层结构的一部分，佛经翻译日趋衰落。北宋译经尚有余响，南宋以后则几近销声匿迹了。

（二）第二个时期

从 16 世纪初叶起，葡萄牙、荷兰、西班牙、英国等欧洲资本主义国家的殖民主义者开始相继对我国东南沿海进行海盗掠夺。与此同时，西方的传教士也先后进入中国进行宗教活动，从 16 世纪末到 18 世纪持续近 200 年时间，这些传教士的使命就是向东方进行宗教扩张。在传教的同时，他们也向中国人介绍了大量的自然科学知识。他们翻译了一些关于天文、数学、机械等的自然科学著作，使中国人首次接触到西方科学技术知识，开阔了视野，增长了见识，并对中国以外的事物有了感性的认识。这一时期，意大利人利玛窦与我国近代科学的先驱徐光启合作翻译的《几何原本》前六卷最具代表性，影响最大。利玛窦是一位意大利传教士，学习过汉语，对中国文化有一定的认识和了解。他外表儒雅，会说中国话，熟知"四书""五经"，1583 年来中国后，很快为明清之际中西文化交流打开了新局面。徐光启是中国近代科学的先驱人物，杰出的爱国科学家和科学文化的领导者，是最早将翻译的范围从宗教、文学扩大到自然科学的翻译家。他认为，科技翻译就是吸取别国多年积累的科技成果，尽快地为我所用，以此壮大自身。利玛窦还与另外一些近代科学的先驱人物如李之藻、杨廷、叶向高等人合作，翻译了一些有关天文、历算和其他自然科学的书籍。1857 年，英国人伟烈亚力与中国著名翻译家李善兰合作翻译了《几何原本》的后九卷，延续了几乎中断 200 年的科技翻译。据不完全统计，耶稣会传教士在华 200 年间，共翻译西书 437 种，其中宗教书籍 251 种、自然科学书籍 131 种、人文科学 55 种。这些科学书籍对于普及西方科学知识、促进中国自然科学的发展具有一定的积极作用。

（三）第三个时期

第三个时期指鸦片战争至中华人民共和国成立这个时期。这一时期的一个显著特点就是翻译的主体发生了变化。第一个时期的翻译主体多是西域高僧，第二个时期是耶稣会传教士，第三个时期则是中国的知识分子，这一特点在甲午战争后更加明显。近代以来，不少仁人志士为了强国，加强了对西方科学技术的学习和研究。政府开办了不少外文学校，同时向国外派遣留学生。像京师同文馆内就设有英文馆、法文馆、俄文馆，后增加德文馆，成为我国第一所培养外语人才的专门学院，而后又有上海方言馆和广东方言馆。此外，教会学校和新式学堂也设有外语专业和外语课程，培养了大批外语人才。同时，一大批留学美国、欧洲、日本等地的学生也成为这一时期翻译的主体。

这一时期的翻译，除个别是几个人合作，如典型代表人物林纾外，绝大部分的翻译均脱离了合作的方式而由个人独立完成，其中绝大部分作品是文学翻译作品。从近代翻译的历程看，首先是科学翻译，而后是社会科学翻译，最后是文学翻译。文学翻译虽来得较迟，却对我国的翻译产生了深远的影响。

鸦片战争失败后，中国的有识之士逐渐觉醒，主张学习西方的军事技术和机器制造。基于这种思想，这一时期他们翻译了大量的算学、测量、水陆兵法、天文学、化学、力学、文学、医学、汽车制造等方面的书。据统计，近代早期最大的翻译机构——江南制造局译书馆所译 163 种著作中，自然科学译书就占 80% 以上。

19 世纪 70 年代，中国开始派遣留学生出国。1872 年夏末，在陈兰彬的带领下，第一批 30 名学生赴美国深造。这些人通过在国外的考察、学习，深感西方之强大并非完全在于枪炮和科学的发达，还在于先进的社会制度和文化，于是着手翻译此类书籍。其中以严复为代表，他先后翻译了十多种西方资产阶级的哲学、经济学、社会学等著作，最有代表性的为八大社会科学名著，其中《天演论》影响极大。甲午战争后，文学翻译继续涌现。1899 年，林纾与王寿昌合译《巴黎茶花女遗事》，开启了文学翻译的新纪元。20 世纪初，文学翻译走向繁荣。纵观近代翻译史，最有代表性的翻译家仍然首推严复和林纾二人。严复在翻译《天演论》时提出"信、达、雅"的翻译标准备受后人推崇，至今仍对译学理论研究产生影响。林纾不懂外文，靠与口译者合作，翻译了 160 余种小说，成为我国近代翻译西方小说的第一人。

"五四"运动期间，文学翻译成为主流，基本上各文学社团和文学流派都有自己的译论主张和独树一帜的翻译家。文学研究会的茅盾、郑振铎从现实主义角度提出翻译为社会服务；创造社的郭沫若从浪漫主义的角度强调译者主观感情的投入；新月派的徐志摩、朱湘等在诗歌翻译上有突出贡献；由众多文艺流派整合而成的左联主张翻译为中国革命现实服务，注重唯物史观的文艺批评著作和苏联社会主义现实主义作品的翻译。这一时期最著名的翻译理论家当推鲁迅，他认为中国语言文字不足以表现深刻的思想和社会生活的新变化，提出"宁信而不顺"的直译策略，他还对翻译的宗旨、重译、复译、翻译批评等有过深入的论述。朱生豪翻译莎士比亚戏剧（以下简称"莎剧"）是该时期甚至整个中国翻译史上的大事。朱生豪大学毕业后不久，出于对莎剧的热爱和强烈的爱国热情，开始翻译莎士比亚戏剧全集。他在战火中忍受着饥饿、疾病的折磨，耗尽心力，10 年间共译出莎剧

31 部半，在再译五部半即成全璧的情况下，终因重病含恨辞世。朱生豪精通英语，又有扎实的中国古典诗词功底，因此他译的莎剧质量极高，数十年来受到学界内外的好评。

（四）第四个时期

中华人民共和国成立后，翻译呈现另一番景象。翻译遵循党的文艺方针，强调为社会主义服务。从中华人民共和国成立到 1966 年的 17 年间，文学翻译以苏联等社会主义国家作品及亚非拉国家作品的译介为主。俄国古典文学、批判现实主义文学、苏联现当代文学的重要作家都有译介，翻译家有吕荧、刘辽逸、汝龙等。亚非拉文学翻译家有楼适夷、季羡林等。比较而言，出于意识形态的原因，欧美作品的翻译着力不多，但也并非一片空白。英国文学方面，卞之琳用诗体翻译了莎士比亚悲剧《哈姆雷特》，传达了莎剧的气势；张谷若翻译托马斯·哈代的小说真实准确、晓畅通达；还有朱维之翻译弥尔顿的《复乐园》，查良铮翻译英国浪漫主义诗歌等，都取得了很高的成就。法国文学方面，傅雷翻译巴尔扎克的《人间喜剧》，赵少侯着重翻译莫里哀的喜剧，罗玉君翻译司汤达和乔治·桑的小说。德国文学翻译家有冯至、张威廉、钱春绮、傅惟慈等，基本上把具有世界影响力的德语作品都译介过来了。

翻译事业于改革开放中迎来了自己的春天，翻译的范围大大拓宽了，翻译的质量得到了提高，规模之大、影响之广不亚于历史上任何一次翻译高潮。可以说，没有翻译，就没有新时期文化领域的大发展。

第四个时期的翻译理论研究也取得了重大进步。傅雷在 1951 年为《高老头》撰写的《重译本序》中说："以效果而论，翻译应当像临画一样，所求的不在形似而在神似。"这就是著名的"重神似不重形似"的翻译标准。钱钟书于 1963 年在《林纾的翻译》中提出"翻译的最高境界是化境"，从而将中国传统翻译理论推向了顶峰。改革开放后，中国翻译研究仍在继续发展，不过思考的资源与灵感大都源于西方，与传统翻译理论相去甚远。

三、西方翻译的发展史

《旧约·创世纪》中说，上帝创造了人，又因人类作恶多端，故发大洪水毁灭人类。大洪水过后，人们由西向东迁徙，来到一处平原，于是停下来修建了一座城和一座塔，塔顶要通天。上帝大惊，心生不悦，遂使人的口音变乱，彼此言语不通，无法进行交流，于是停止修塔，散居各地。这或许可以看作翻译产生的原始根源。一般认为，西方翻译理论可分为五个时期，即古代时期、中世纪时期、文艺复兴时期、近代时期和现（当）代时期。西方翻译理论较之于中国翻译理论更加系统、全面，有较完整的体系和清晰的发展脉络。

（一）古代时期

西方古代第一部重要的译作是《圣经·旧约》的希腊语译本。公元前 285 年，72 名知识渊博的希腊学者遵从埃及国王托勒密二世费拉德尔甫斯的旨意，聚集在亚历山大图书馆，将散居在各地的犹太人用希伯来语写成的《圣经·旧约》译成希腊语，历时 36 年方得以完成，称为《七十子希腊文本》。公元 4 世纪末 5 世纪初，著名神学家圣哲罗姆奉罗马教皇之命，成功地组织了《圣经》的拉丁文翻译，并将其命名为《通俗拉丁文本圣经》，该译本后来成为罗马天主教承认的唯一圣经文本。西方翻译理论发源于公元前 1 世纪。古罗马帝国政治家和演说家西塞罗发表了著名的《论演说家》。在这篇演说中他说："我认为，在翻译时，逐字翻译是不必要的，我所做的是保留原文的整体风格及其语言的力量。因为，我相信，像数硬币一样地向读者一个个地数词，不是我的责任，我的责任是按照他们的实际重量支付给读者。"其中，"按实际重量支付"即"保存原文的全部意义"。这段话首次谈到了直译和意译，明确提出反对逐字翻译。

这个时期，翻译家们大都根据自己的翻译实践对翻译进行分析和论述，涉及的问题主要是应该直译还是意译。奥古斯丁是与哲罗姆同时代的神学家、哲学家，对翻译理论有许多深刻的见解。他认为，翻译的基本单位是词；翻译有三种风格——朴素、典雅、庄严，其选用取决于读者的需求。他从亚里士多德的"符号"理论出发，认为忠实的翻译就是能用译语的单词符号表达源语单词符号指示的含义，即译语词汇和源语词汇具有相同的"所指"。这套理论对后世有深远的影响。

（二）中世纪时期

中世纪时期即西罗马帝国崩溃至文艺复兴时期。英国的阿尔弗雷德大帝是一位学者型的君主，他用古英语翻译了大量的拉丁语作品，常常采用意译法，甚至近于创作。11、12世纪，西班牙中部地区的托莱多形成了巨大的"翻译院"，主要工作是将阿拉伯语的希腊作品译成拉丁语，接续欧洲断裂的文化传统。中世纪末期出现了大规模的民族语翻译，促成了民族语的成熟。英国的乔叟翻译了波伊提乌的全部作品和薄伽丘的《菲洛斯特拉托》等；德国的维尔翻译了许多古罗马作品；俄国自基辅时期起翻译了不少希腊语和拉丁语作品，其著名的翻译家有莫诺马赫、雅罗斯拉夫等。这一时期，翻译理论的代表人物有罗马神学家、政治家、哲学家和翻译家波伊提乌。他提出翻译要力求内容准确而不要追求风格优雅的直译主张和译者应当放弃主观判断权的客观主义观点，这在当时产生了较大的影响。

（三）文艺复兴时期

14 世纪至 17 世纪初，西方翻译进入繁荣时期，出现了许多具有代表性的翻译家和有影响的翻译理论。英国翻译题材广泛，历史、哲学、伦理学、文学、宗教著作无所不及。查普曼先后翻译了荷马史诗《伊利亚特》和《奥德赛》，成就卓越。他认为翻译既不能过于严格，亦不能过分自由。人文主义者廷代尔，以新教立场翻译《圣经》，面向大众，通俗易懂，又兼具学术性与文学性，取得了巨大的成功。然而，他的翻译触犯了当时的教会权威。1535 年，教会以信奉、宣扬异教的罪名将廷代尔处以火刑。荷兰德是英国 16 世纪最著名的翻译家，其翻译的作品题材多样，尤以历史翻译见长，著名作品有《罗马史》《十二恺撒传》等。法国的阿米欧于 1559 年翻译了《希腊、罗马名人比较列传》，内容忠实，文笔清新自然。他主张译者必须充分理解原文，译文要淳朴自然。语言学家、人文主义者多雷在其《论如何出色地翻译》中提出了翻译的基本准则：译者要完全理解翻译作品的内容；要通晓所译语言；语言形式要通俗；要避免逐字对译；要注重译文的语言效果。德国翻译家马丁·路德翻译了《圣经》，遵循通俗、明了、大众化的原则，在官府公文的基础上吸收了方言精华，创造了本民族普遍接受的文学语言形式，为德国文化的发展做出了杰出贡献。路德认为，翻译必须采用平民化的语言；必须注重语法和意思的联系；必须遵循一些基本的原则。路德之所以能在翻译实践上取得成功，和他的理念是分不开的。德国翻译界另一位代表人物伊拉斯谟认为，翻译必须尊重原作，译者必须有丰富的语文知识，必须保持原文的风格。

总体而言，这一时期，西方译者对翻译的认识更加深入，对翻译相关问题的讨论十分热烈，由此奠定了西方译学的理论基础。

（四）近代时期

从 17 世纪至第二次世界大战结束的近代时期是西方翻译的黄金时期。1611 年，英国出版了《钦定本圣经》，译文质朴典雅，音律和谐，是一部罕见的翻译杰作。不久，谢尔登译出了《堂吉诃德》。蒲伯于 1715—1720 年，在查普曼译作的基础上重译了《伊利亚特》和《奥德赛》。莪默·伽亚谟的波斯语作品《鲁拜集》于 1859 年有了第一个英语译本，后几经修订，跻身英国翻译史上最优秀的译作之列。17 世纪，法国文坛盛行古典主义，因此翻译以古希腊、古罗马的文学作品为主；18 世纪，法国向往古老神秘的中国，翻译了不少中国作品，元曲《赵氏孤儿》就是这个时期译介到法国的；19 世纪则以西方各国文学的翻译为特色，莎士比亚、歌德、但丁、拜伦、雪莱的许多作品都有了法语译本。

这个时期的西方翻译理论较为全面、系统，具有普遍性。其代表人物有英国的约翰·德莱顿、亚历山大·弗雷泽·泰特勒，法国的夏尔·巴托。德莱顿对翻译进行了较为系统、全面的研究，认为翻译是一门艺术，译者必须掌握原作的特征，服从原作的意思，翻译的作品要考虑读者的因素。他将翻译分为三大类：逐字译、意译和拟作。泰特勒在1790年撰写的《论翻译的原则》一书中提出著名的"翻译三原则"：译作应完全复制出原作的思想；译作的风格和手法应与原作保持一致；译作的语言应像原作一样通顺。

进入19世纪，德国逐渐成为翻译理论研究的中心。代表人物有神学家、哲学家施莱尔马赫，文艺理论家和翻译家施莱格尔，语言学家洪堡。翻译研究的重点集中在语言和思想方面，逐步形成了一定的研究方法和翻译术语，从而把翻译研究从某一具体篇章中抽象分离出来，上升为"阐释法"。这种方法由施莱尔马赫提出，施莱格尔和洪堡加以发挥。施莱尔马赫在《论翻译的方法》一文中较为全面地论述了翻译的类型、方法、技巧，形成了比较系统的翻译理论，在19世纪产生了重大影响，至今仍具有一定的现实意义和作用。其主要内容包括以下几点：翻译分为笔译和口译；翻译分真正的翻译和机械的翻译；必须正确理解语言思维的辩证关系；翻译有两条途径，一条是尽可能忠实于作者，另一条是尽可能忠实于读者。洪堡进一步指出：语言决定思想和文化，语言差距太大则相互之间不可翻译，可译性与不可译性是一种辩证关系。洪堡关于"可译性"与"不可译性"的论述在今天同样具有重要的参考意义。

（五）现（当）代时期

众所周知，20世纪爆发了两次世界大战，翻译和翻译理论研究受到极大的破坏而驻足不前，其间几乎没有有影响的翻译作品和翻译理论研究成果出现。然而，第二次世界大战以后，翻译和翻译理论研究在西方迅速恢复并很快进入繁荣时期。

西方现（当）代翻译理论时期是指从第二次世界大战结束至今，这一时期西方翻译的范围、形式、规模和成果都是历史上其他任何时期都无法比拟的，翻译理论研究在深度和广度方面亦取得了突破性的进展。这一时期，由于受现代语言学和信息理论的影响，理论研究被纳入语言学范畴，带有较为明显的语言学色彩；同时，由于在理论研究中文艺派的异常活跃，又使翻译理论研究带有明显的人文特征。所以，翻译理论的研究大都走科学与人文结合的道路。而且，翻译研究更加重视研究翻译过程中所有的重要因素，包括语言使用者的社会因素等，以及它们之间的相互关系和产生的相互影响，并以此解决翻译中的各种问题，使翻译这门学科具有较为成熟的学科特征。

现（当）代翻译理论时期涌现出一大批在翻译理论与实践方面成绩卓著的人物，并逐渐形成了流派，主要包括布拉格学派、伦敦学派、美国结构学派、交际理论学派。这些学派的研究使西方翻译理论逐渐形成体系，趋于成熟。

第二节　翻译的标准

作为语际意义转换活动，翻译不可任意妄为，它必须遵循一定的语言规则和社会规范，才能成为有效的社会行为。这些语际意义转换的规范性制约条件即为翻译标准，或翻译原则。从古至今，人们都将翻译标准视为指导翻译实践、评价译文质量的尺度，关于翻译标准的讨论也从未停止过。

早在唐代，著名的佛经翻译家玄奘就提出了翻译"既须求真，又须喻俗"的观点，而中国人最为熟知的也许是严复的"信、达、雅"翻译标准了。1898年，严复在《〈天演论〉译例言》中提出"信、达、雅"乃"译事楷模"，"译事三难：信、达、雅。求其信，已大难矣！顾信矣，不达，虽译，犹不译也。""信、达、雅"三字简明扼要，反映了翻译中译文和原文的关系，也反映了译文与译文读者的关系，因而历经百年一直被我国翻译界视为评价译文好坏的标准。

西方也很早就有了关于翻译标准的表述。1791年，在第一本用英语撰写的系统研究翻译过程的著作《论翻译的原则》中，作者泰特勒就提出了著名的翻译三原则：译文应完全传达出原作的思想内容；译文的文体与风格应与原文相同；译文应保持原作同样的流畅。可以看出，泰特勒的翻译三原则和严复的三字标准有异曲同工之妙。

此外，国内还有"神似论""化境说""信达切""翻译标准多元互补论"等；国外也有"投胎转世"（the transmigration of souls）、"动态对等"（dynamic equivalence）等。

关于翻译标准的学说与观点，可谓众说纷纭，千秋各异。不管人们对于翻译标准的表述如何径庭有别，但"忠实"作为翻译应遵循的基本准则始终是中外译者和翻译研究者的共识。翻译中"忠实"包括信息的"传真"、表达的"准确"和语体的"适当"三个方面。

一、信息传真

翻译中要做到"忠实"，首先必须对原文的语义有正确的理解，不可遗漏原文的信息，以达到译文与原文的信息等值。

例如：Bank bonds are also popular because they have a short maturing and are currently offering an interest rate of 20% more than the average bank deposit rates.

原译：银行债券也颇受欢迎，因为期限短，利息也高于银行的平均存款利率。

此译文疏漏了"are currently offering an interest rate of 20%"这一重要信息。因此也就不"忠实"于原文，达不到原文吸引人们投资兴趣的效果。

试译：银行债券也颇受欢迎。因为它期限短，而且目前正提供高于银行平均存款利率20%的利息。

翻译的忠实并不排除文字上的必要改变，正确的译文不应同逐字翻译混为一谈，按照字面意思和语序结构，用字词对应的方法来生搬硬套，经常会产生错译或死译。

例如：江苏已成为外向型经济发展的一个热点地区。

原译：Jiangsu has become a hot spot for its development of external directed economy.

这里"hot spot"就属于对"热点地区"望文生义产生的误译。因为"a hot spot"往往被理解成"困难或危险的情况，内乱动荡的地方"。但汉语中"热点"可以说毫无此意，而指"某时期引人注目的地方或问题"。以"hot spot"来译"热点"属语义误解产生的误译。另外，"外向型"经济指"面向外国市场"的经济，以生产出口产品为导向的经济。"external directed"是指"方向朝外的"，此处也属于误译。

试译：Jiangsu has become a focus of attention for its development of export-oriented economy.

所以，只有正确理解了原文的语义，才能动笔翻译。译文所指所述必须与原文所指所述相同或对应。要做到译文与原文在语义内涵即深层含义上等值，而不仅是字面对应；译文与原文应在外延即概念范围上相对应，而不仅是局部的重合。请看以下译例：

①本协议用中英文书就，两种文字具有同等法律效力。

原 译：This agreement is rendered in Chinese and English. Both languages shall possess the same legal validity.

"both languages"在该句上下文中不符合逻辑，因为不存在哪种文字享有更高或更低的法律效力，其中"两种文字"是指"用两种文字书就的文本"。

试译：This agreement is rendered in Chinese and English. Both texts shall possess the same legal validity.

② Please open an irrevocable documentary L/C (letter of credit) in your favor.

原译：请开立一项对你有利的不可撤销的跟单信用证。

这里的"in your favor"不能理解为"对你（方）有利的"，而是"以你方为收益人的"。

试译：请以你方为收益人开立一项不可撤销的跟单信用证。

③ The information contained in this document is accurate and complete in all material aspects.

原译：本文件所含信息在所有物质方面都是准确完整的。

"material"一词用作名词时解作"材料""物质"，此句中应为形容词词性，表示"重大的""实质的"的意思。

试译：本文件所载信息在各主要方面均属准确完备。

翻译中，具体词语语义的理解和确定，以及信息是否完整而无缺漏，决定着翻译"忠实"与否，也直接影响着翻译活动的成败。在翻译过程中，要认真查看工具书，切勿望文生义，对那些词义丰富而灵活的词，必须根据特定语境加以理解，以使译文在语义上忠实于原文。

二、表达准确

表达准确，不仅是指译文的语法正确，更主要的是指符合译语表达习惯和专业规范，做到概念表达确切，物与名所指正确，数码与单位精确，避免中式英语、英式汉语。

首先，要尽量找到和使用对应的译语词语和表达方式。例如：

① "三资企业"是"中外合资经营企业、中外合作经营企业和外商独资企业"的统称，不能随意地译成"three joint ventures"（三个合资企业）、"three capitals' enterprises"（三种资本的企业）或"three investments' enterprises"（三次投资的企业）。三资企业都有外商投资，有的是全部外资，有的是部分外资，因而可译为"enterprises with foreign investment"或"foreign-funded enterprises"。

② "保税区"在我国常见的英语译名是"Free Trade Zone"，而实际上我们所谓的"保税区"与"Free Trade Zone"不同。英美国家的"Free Trade Zone / Area"是指"一个实行区域经济机制的地区，区内各成员之间互不征税，各成员设立共同的税率，一致对外"。我国的"保税区"按其功能和性质应与"Foreign Trade Zone"相对应。目前也有"Bonded Zone"，这个译名可见于各出版物，它比"Free Trade Zone"更准确。

③ "基础设施"不要译为"foundation facilities"或"basic facilities"，而应是"infrastructure"。"科技旅游"不应译成"technological tours"，否则给人的印象似乎旅游本身是技术性的，可以译为"science-theme tours"。

其次，如果找不到对等的英语词语，则应尽量用符合表达习惯的简洁的语言来意译或解释原文。例如：

①上海，这座昔日被誉为远东金融、经济和贸易中心的城市，是长江流域经济振兴的龙头。

原译：Shanghai formerly crowned as the financial, economic and trade hub of the Far East, is the dragon's head for economic vitalization in the region of Yangtze River Basin.

表面上，"龙头"就是"dragon's head"，但"龙头"是一个具有典型中国文化内涵的词语，引申为"主导、领头"的意思。在英语中"dragon's head"却传达不了这个含义，反会令人联想起残忍、邪恶的形象，所以宜加以意释。

试译：Shanghai, formerly crowned as the financial, economic and trade hub of the Far East, plays a leading role in boosting the economic development of the areas along the Yangtze River.

②省委、省政府提出了"以开放促开发，以外经促外贸，以引进促改造"的方针。

原译：The Provincial Committee of the Chinese Communist Party and the Provincial Government have put forward the policy of "promote development by opening to the outside world, promote foreign trade by foreign economy and promote transformation by importing".

这句译文中除"外经"误译成了"foreign economy"，其他基本得当，但仍没有把原文语义完整表达。例如，"引进"指引进设备、技术、资金，而不是普通商品的进口；"改造"应指修改或更新原有的设备和技术，而非笼统地变形变性。

试译：The Provincial Authorities have formulated a "three promotion" policy: promotion of economic development by opening to the outside world, promotion of external trade by expanding foreign economic cooperation, and promotion of industrial renovation by importing equipment, technology and capital.

③让世界了解长沙，使长沙走向世界。

译文1：Let Changsha be known to the world, and move forward to the world.

译文2：Make Changsha known to the world by enlightening its role in the global community.

译文1在结构上与原文大体相似，译文2读起来更为自然，有外籍教师认为"A city cannot move forward to the world."（一座城市不可能走向世界），因此认为译文1不是地道的英文，颇感别扭，而译文2表达准确，优于前者。

翻译绝非从词典上找出各个词语的对应释义那么简单，译者必须具备良好的双语能力、精深的专业知识，以及对双语文化的深入了解。

三、语体适当

翻译的"忠实"，除了要求信息传真和表达正确外，还应做到语体适当，即在译文措辞、句法、格式、语气等方面都符合交际需要，保持原文文体和语言的特色。各专业领域的语言在文体形式上具有稳定的表达程式和体例结构，翻译的目的是使跨语言的交际活动达成。语体是否相当是翻译成功与否的重要因素。例如：

①请从速办理此事，我们将不胜感激。

译文 1：Please do it at once, if so, we will be much thankful to you.

译文 2：Your prompt attention to the matter would be much appreciated.

原文语体正式、有礼，表现了良好的合作意愿。译文 1 和译文 2 都是正确的表达，但译文 2 的长句表达和被动语态更正规、严肃，"would be much appreciated"要比"we will be much grateful"更婉转，所以译文 2 才是更忠实于原文的表达方式。

②热烈欢迎国内外客商来我厂洽谈订购。

译文 1：We warmly welcome both Chinese and foreign businessmen to come to our factory to hold trade talks and place orders.

译文 2：We welcome enquiries and orders.

译文 1 与原文可谓词词对应，并无语法错误，但行内人士都会赞同译文 2 优于译文 1。因为译文 1 完全按照汉语的思维方式来"亦步亦趋"地表达，且啰唆烦琐；译文 2 言简意赅，且规范文雅。

第三节　翻译的方法

翻译的方法是翻译活动中基于某种翻译策略，为达到特定的翻译目的所采取的特定的途径、步骤和手段。采用什么样的翻译方法往往基于一定的原则或方案，并不是任意的。常见的翻译方法包括直译、意译、音译、零翻译、仿译、回译等。

一、直译

所谓直译，即在目的语语言文化规范所允许的范围内，尽可能贴近原文的语义内容与语言形式的翻译方法。可见，直译法的使用应以遵守目的语语言规范和文化传统为前提。直译有助于保存源语的语言形式与表达风格，丰富目的语的表达方式。当两种语言的结构比较接近时，可使用直译法进行翻译。例如：

① Americans are beginning to realize that this terrible problem of poverty is their problem and not just the Government's.

译文：美国人开始意识到这严重的贫困问题是他们大家的问题，而不仅仅是政府的问题。

有时为了将源语中原汁原味的文化信息传递给译文读者，传播源语文化，译者也往往使用直译法。例如：

②有道是"苍蝇不抱没缝儿的蛋"，虽然这柳家的没偷，到底有些影儿，人才说他。

译文："Flies go for cracked eggs." Even if this Liu woman didn't steal anything, she must have been up to something or people wouldn't have accused her.

③党的十八大以来，我们党坚持"老虎""苍蝇"一起打。

译文：Since its 18th National Congress, our Party has been committed to both caging the "tigers" and swatting the "flies".

在我国政府提出"一带一路"倡议的今天，在外宣翻译中使用直译法有助于对外传播中国文化、展示汉语言文化的魅力。

当然，直译法的使用应以尊重目的语语言规范和文化传统为前提，不能盲目地直译而增加目的语读者的理解困难，更不能将直译与逐字翻译混为一谈。在语言形式的处理上，直译允许适当的变化或转换（如词性变化、语序转换），从而使译文符合目的语的语言表达规范，在这一点上直译与逐词翻译存在着明显的区别。请看下例：

④ As this was a great deal for the carrier (whose name was Mr. Barkis) to say—he being, as I observed in a former chapter, of a phlegmatic temperament, and not at all conversational—I offered him a cake as a mark of attention, which he ate at one gulp, exactly like an elephant, and which made no more impression on his big face than it would have done on an elephant's.

译文1：这些话在脚夫（他的名字是巴基斯先生）说来是很多了——如我在前一章所说，他是一个黏液质的人，一点也不喜欢谈话——我给他一块点心，作为酬劳的表示，他一口便吃下去了，完全像一头大象，那一块点心在他那大脸上，比在一头象的脸上，引不起更多的表情（董秋斯译）。

译文2：这几句话，在车夫方面，就算是说得最多的了（他的名字叫巴基斯），因为他这个人，像我前面说过的那样，脾气很冷静，一点也不爱多说话。我因为他说了那么些话，要对他表示客气，就给了他一块点心。他接了点心，一口就把它咽下去了，和大象吃东西完全一样：吃的时候，他那张大脸，又没露出一丁点吃东西的样子来，也完全和大象一样（张谷若译）。

例④中张谷若使用直译法照顾到了汉语（目的语）的语法规范和表达习惯，对原文形式做出了必要的调整，因此文字较为通顺，读者较易看懂。而董秋斯则采用了逐词翻译法，一味追求译文与原文的形式对应，不顾汉语的语法规范和表达习惯，使译文晦涩生硬，增加了读者理解的难度。

直译的使用应以达意为前提。目前，西方主流媒体在涉华报道中主要采用直译或音译的方法进行翻译，可能会导致一些不了解中国情况的国际受众对报道内容产生误解。如美国《时代周刊》在翻译江泽民提出的"三讲"理论时，将"讲政治"直译为"talk about politics"，未能将原词背后深刻的政治内涵反映出来。因为在英语中"talk about politics"就是表示"speak about politics"（谈论政治）的意思，而江泽民所要求的"讲政治"其实是指要有政治敏锐性，使用意译法将其译为"to be politically conscious or alert"才能忠实地表达原词的内涵。

二、意译

由于不同的语言在表达方式、措辞习惯、修辞用法等方面存在着诸多差异，直译并不能解决所有的翻译问题。为了使译文更加地道，翻译过程中往往需要采用意译法。意译要求译文在保持原文的思想前提下，在措辞、句法、表达方式、修辞风格上尽可能照顾到读者的审美心理和阅读习惯。意译在词汇意义及修辞（如比喻）的处理上，一般会涉及转义的手法，在这一点上与直译有着明显的区别。由于英汉语言的表达方式不尽相同，且中西方文化存在着巨大的差异，翻译中很多情况下要用到意译的方法，从而使译文更流畅，更有可读性。例如：

The Negro is still languishing in the corners of American society and finds himself an exile in his own land.

这句话曾经有人直译为"黑人依然在美国社会的角落中饱受痛苦，并发现自己是自己国土上的流亡者"。尽管译文在语言结构上是忠实于原文的，但可读性不强。为了使译文表达更加地道，可采用意译法翻译为"黑人仍然在美国社会的角落里过着痛苦的生活；美国虽是他们的家园，而他们却感到流落异乡"。

由于中西方语言与文化存在着巨大的差异，因此，在汉英翻译过程中不可生搬硬套，完全拘泥于原文的形式。外宣翻译过程中过于追求"形似"有时会导致译文晦涩难懂，影响对外传播的质量与效果。直译原文可能会影响受众对原文信息的理解，这时就有必要适度地采取意译。习近平总书记的讲话中引用了大量的俗语、谚语，其中很多谚语的表达完全直译可能会令国外受众费解，因此，可以采用意译的方法，不仅保证了译文语言的流畅性，同时也传递了原文的精神。见下例：

没有比人更高的山，没有比脚更长的路。

译文：No mountain is too high for a man to scale and no road too long for a man to walk.

习近平总书记用这句话比喻"再高的山、再长的路，只要锲而不舍，就有到达目的地的那一天"。译文若拘泥于形式，译成比较级"No mountain is higher than a man and no road is longer than one's shoes"，则会令国外受众费解。译者跳出了原文形式的限制，巧妙地运用了英语中常见的"too... to..."结构，不仅合乎英语思维习惯和表达方式，同时也准确地传达出了原文的内涵，表达了中国坚定不移深化改革开放的决心，向世人展示了中国改革开放的新形象。

三、音译

音译，即将源语的语言文字符号用目的语中发音与之相同或相近的文字符号表示出来的方法。英语和汉语中有许多音译词，如 ballet 芭蕾、Malaysia 马来西亚、Singapore 新加坡、engine 引擎、功夫 kungfu、土豪 tuhao、福娃 fuwa、城管 chengguan。

语义空缺和文化空缺是翻译中普遍存在的一种现象。当源语中的词语在目的语中存在语义空缺、翻译无法直接从词汇、语法、语义转换时，可以考虑使用音译法。实际上，音译也是佛经翻译的一种主要方法。玄奘提出的"五不翻"原则中有一条重要原则——"此无故不翻"，即在翻译经书的过程中，对于中国本土不存在的事物或现象，可以不翻译，而采取音译的方法进行处理。一般而言，将一种语言中的人名、地名等专有名词和文化专有项等可能形成语义空缺的词译为另一种语言时，通常采用音译法。音译有助于传递源语文化信息，增加译文的异国情调，丰富译语的词汇与表达。

四、零翻译

零翻译是一种特殊的将源语完全或部分引入目的语中的翻译方法。它常用于以下两种情况：

①两种语言在书写形式上的差异导致需要使用零翻译。例如：

I love my love with an E, because she's enticing; I hate her with an E, because she's engaged.

译文：我爱我的爱人为了一个 E，因为她是 Enticing（迷人的）；我恨我的爱人为了一个 E，因为她是 Engaged（订了婚的）。（张谷若译）

②字母词或首字母缩略词的翻译。我国新闻语篇中有许多字母缩略词便是通过零翻译从外语中引入的，如 GRE（Graduate Record Examination，美国研究生入学考试）、CBD

（Central Business District，中央商务区）、MBA（Master of Business Administration，工商管理硕士）、ISO（International Organization for Standardization，国际标准化组织）等。

有学者认为，零翻译不涉及任何翻译操作，因而实际上就是不译。值得一提的是，不译否定了翻译的目的，认为没有翻译的必要，也没有翻译行为，当然也起不到翻译作为交际的作用；而零翻译是服务于双语交际的目的的，同时也伴随着双语转换的翻译行为。零翻译的译者把源语文字带到目的语文本中，将目的语读者带入源语语境中，使读者把自己原有的背景知识理解带到以源语语言文字呈现的零翻译中，并转换自己的文化身份以源语语言文化认知理解零翻译，这个零翻译的翻译过程中充满了两种语言文化间译者、读者的转换、解释、理解的行为。因此，零翻译不是不译，而是一种特殊的翻译方法。此外，因为零翻译能够存在于语篇翻译中，这样才有足够的交际情境提供，使得读者理解零翻译。所以，零翻译与不译是两个截然不同的概念。

五、仿译

仿译是指译者不拘泥于原文的意义细节，更不拘泥于其词汇和句法结构，而是把原文作为一个参照模式，要么通过删减浓缩只译出其要义或要旨或关键信息（或者只是选择性地译出其某些信息），要么通过增添扩充的增译方式译出比原文更多的信息。例如：

水映山容，使山容益添秀媚；山清水秀，使山色更显柔情。有诗云：岸上湖中各自奇，山斛水酌两相宜。只言游舫浑如画，身在画中原不知。

译文：The hills overshadow the lake, and the lake reflects the hills. They are in perfect harmony, and more beautiful than a picture.

六、回译

回译是指将从一种语言翻译或转借的语言表述再重新翻译成其源语表述的一种翻译方法。就汉英翻译而言，回译就是文化还原，即将某些英语文化词汇的汉语译名还原成其原来的英语形式。随着国际交流的日益频繁，一种语言中的词汇或表达往往会通过各种翻译方法介绍到另外一种语言之中，有时又需要将这些翻译再重新译回源语中。习近平总书记在国际演讲中为了拉近与对象国民众的距离，使读者对讲述内容产生情感共鸣与认同，常常博引外国经典和俗语。在国际演讲中引经据典也是习近平总书记最常用的话语策略之一。这些来自外国的经典故事和俗语在翻译时一般采用回译法：

就会像哈萨克斯坦谚语说的那样："吹灭别人的灯，会烧掉自己的胡子。"

译文：As a Kazakh proverb aptly puts it, "one who tries to blow out another's oil lamp will get his beard singed."

这是习近平总书记于 2014 年 5 月 21 日在亚洲相互协作与信任措施会议第四次峰会上的讲话中引用的哈萨克斯坦谚语，意在突出中国政府公正客观的立场。此经典的英译不在于其形式的回归，而是重在突出谚语本身内涵的回归，以求获得与会国家的认同。

回译是外宣翻译中的一个重要翻译方法。在外宣翻译中，若原文涉及源自外国的人名、地名、机构组织名称及重要会议和活动名称等专有名称，就面临着如何将它们还原至外语原文中去的问题。

换言之，回译这些专有名词便成为一个重要的环节，回译是否到位将影响到译文受众对相关信息的准确理解和接受，直接关系到外宣翻译的效果。

在外宣翻译的过程中，译者在处理专有名词回译时不可自由发挥，这是由回译的性质所决定的。即使是一般地名或国名的英语表达，回译时也得郑重其事，哪怕是定冠词的使用，也丝毫马虎不得。例如："海牙"不是"Hague"，而是"the Hague"；"刚果"则为"the Congo"而不是"Congo"；苏联解体前，"乌克兰"作为苏联或以俄罗斯为中心的"边疆"，其传统英语译名为"the Ukraine"，而苏联解体后，乌克兰就是乌克兰，已成为一个拥有独立主权的国家，其英语名称不再是"the Ukraine"，而是"Ukraine"了。

📖 思考题

1. 简述中国翻译的发展历程。
2. 翻译的标准是什么？
3. 翻译的方法有哪些？

第二章　词汇翻译

随着 21 世纪的来临和英语在我国的广泛应用，以英语为交流媒介的文字和视听材料不断涌现，促进了多种文化间的交流。因此，越来越多的人，特别是现今中国的年轻人，已经将能否熟练运用英语视为参与社会竞争的重要能力之一。本章内容为词汇翻译，包括英汉词汇对比、词义的选择和引申、词汇的翻译方法。

第一节　英汉词汇对比

一、词语部分

单词是语言体系中最基本的单位，好比人身体内的一个个细胞。翻译过程中需要从词汇出发理解全文内容，并传达词汇表达的含义，对词语部分的对比可以分成语法和语义两个角度。

（一）语法角度

根据英汉词汇的对比，我们不难发现，其实词中有名词、动词、形容词、数词等，虚词中有介词和连词等，另外英汉两种语言中都有象声词。除上述这些相同点之外，英语中会出现冠词，汉语中会出现量词和语气词，这些是二者之间的差别之处。不同的词类在句子中起到了不同的语法作用，比如汉语的"热爱学习"是名词，"学习"是动词，英语中的 study 既可以作动词又可以作名词，在翻译过程中可以无词类直接转换。但是大部分情况下，英汉翻译中都需要进行语际转换，比如：

① He is a teacher of English.

译文：他教英语（名词变动词）。

② He is physically weak.

译文：他身体很弱（副词变名词）。

③ She was gazing across the sea, apparently ignorant of him.

译文：她正在眺望大海，显然没有看见他（形容词变动词）。

词语词类的转换使得翻译更加复杂和灵活，也使得翻译结果更加形神兼备。

（二）词义角度

词义即词语的意思、意义，包括其概念和内涵意义，是词汇所承载的基本含义，也是使用文字符号对事物进行概括描绘的抽象性概括。在不同的情况中，任何一个人或群体都有可能将一个词赋予新的内涵，这种情况也导致了不同文化之间的词语表达差异，比如英语单词 goose 有"愚蠢"的内涵意义，但是该单词对应的中文单词"鹅"便没有这种略含贬义的意思。英汉词语的词义对比情况大概分为以下四类：

第一，完全对应。这些词语大部分为专有名词或者普通名词，数量较为有限，比如 CIA（美国中央情报局）、carob（角豆树）、holoscope（全息照相机）等。

第二，部分对应。这些词语在英汉词语词义中表现为部分对应，有广义狭义、一般特别和抽象具体之分。比如：uncle 一词十分广义，在汉语中对应叔父、伯父、姑父、舅父等；milk 表现为抽象的奶，汉语中具体为人奶、牛奶和羊奶。

第三，完全不对应。由于社会的发展和文化的差异，很多外文词汇目前为止尚未有中文对应的特定词汇，这些词汇主要是一些代表了文化的词语，在翻译过程中一般通过注释的方式进行解答，诸如 rigjacker（劫持近海油井设备的人）、eggathon（吃煮硬鸡蛋的竞赛）等。

第四，交叉对应。英语中还有一些词汇，在与汉语词汇的对应上出现了一对应多的现象，这种词汇对应方式被称为交叉对应。比如由 light 一词组成的词汇中，便有这些特点，如 light music（轻音乐）、light step（轻快的步伐）、light heart（轻松的心情）、light voice（轻柔的声音）等。

在词义方面，看似其是一个非常简单的概念，实际上在不同的文化环境和历史背景下，语义也有着不同的概念。从翻译的角度来看，一些词语在不同的文化环境中有着不同的文化意义，比如 summer's day 指的是 the day in summer。由于语言文化背景的区别，英国的夏季属于较为温暖舒适的季节，和我国的春天环境类似，因此在一些语篇中 summer's day 常常用来比喻一个人有很好的脾气。

词汇间的差距也体现在语境意义的差别上，在不同的语境之下，词汇的意思是不相同的。人们往往在用语言符号表达自己的情感时，会掺入自己所用语言的文化背景，尤其在文学作品中，个性化的语言非常丰富，且内涵层次较多。比如下面这首小诗，在翻译中就很难充分表达其语言韵味。

Rain

R is roaring thunder,

A is amazing lighting,

I is incredible downpour,

N is nothing to do.

一般情况下，我们可以翻译成这样的汉语诗。

雨

雨是咆哮的雷霆，

雨是惊人的闪电，

雨是难以想象的覆水倾盆，

雨是无事可做的聊赖。

原文中将 rain 进行了拆解，并作为每句诗的开头，然而在我们的汉语翻译过程中，却很难再现这一过程，这也说明了英汉互译过程中的翻译难度。因此，在不同语境下的翻译需要译者发挥自己的创造力，在必要的情况下甚至需要牺牲原著中的一部分，以求译作的精准和干练，避免逻辑上的混乱和复杂。

在翻译过程中，除了必要的交际信息之外，还需要明白交际的目的，尤其是在文学作品中体现出来的语言意图和方式，它主要从以下几个方面体现出来。

第一，语言表达者的目的和意图。

在老舍的《柳家大院》中，有以下表述：

除了我这间北房，大院里还有二十多间房呢。一共住着多少家子，谁说得清？住两间房的就不多，又搭上今儿个搬来，明儿个又搬走，我没那么好的记性。大家见面，招呼声"吃了吗？"，透着和气。不说呢，也没有什么。大家一天到晚为嘴奔命，没工夫扯闲话儿。爱说话的自然也有，可得先吃饱啦。

王家住两间房，老王和我算是柳家大院最"文明"的人了。"文明"是三孙子。

In addition to my north house, there are more than 20 rooms in the courtyard. How many families are there in all, who say it ? There are not many two rooms in the room, but they are also on the move today. Everyone meet, call the voice "How do you do? " It is permeable with harmony. Not to say, there is nothing. All day long, we run for our mouths and have no time to spare. Love to speak naturally, you have to eat first.

Wang lived in two rooms. Lao Wang and I were the most civilized people in the courtyard of Liu family. "Civilization" is the three grandson.

第二，语言表达者的身份、地位、背景、性别年龄、态度等伴随着语言的信息。比如在鲁迅的《孔乙己》中有这样的描述："不多不多，多乎哉，不多也。"可翻译为"Not much, too much, not much."。

第三，说话人和听话人之间的关系。不同的身份、不同的场合往往会导致语言在意义上的区别。相同的词义，在某些场合使用显得正式、刻板，在另一些场合使用，则又能表达出亲切。

二、选词部分

在英汉翻译过程中，要想做到译文的准确和通顺，需要注重词语在原文中所表达的具体含义，然后斟酌选择中文词汇进行对应。在英语和汉语中，会经常出现一些一词多义、一词多类现象。因此，在确定英汉词汇具体的词类和词义之时，应当重视对原内容整体的解读，根据作者在上下文中的含义确定某个多义词汇的具体内涵。比如 air 一词在不同的句子中表现出不同的词类：

① The rain had cleaned the air.

译文：雨后空气清新。

② Don't air your troubles too often.

译文：不要总是诉苦。

由此我们可以看到，在进行翻译的过程中，英语词语表达的意思是需要由不同的汉语词汇进行表达和处理的，在选词中要注意源语言的词类和感情色彩。在英语中，不同的语境和场合中，同一词语的色彩不同，导致我们在翻译时需要用不同的汉语词语加以对应。比如以文学色彩和普通色彩来说，下面这些词会出现不同的翻译方法：

① winds 风（普通）；风云（文学）。

② red flowers 红花（普通）；艳丽的花（文学）。

由此可见，在翻译过程中，翻译领域和场合的不同也将给译文带来很大的影响。所以在翻译过程中，翻译者应当对所译内容有较深入的了解，才能够使译文变得更加生动传神。

（一）语言意义关系和对应

虽然在不同的语言环境和背景之下衍生了不少语义上的差别，但是由于地球是人类共同的生活环境，人类在发展中对一些事物产生了统一的看法，这是语言意义关系的统一性。例如：

① He is an old fox.

译文：他是个老狐狸。

②他们在跑步时的姿势区别很大，有的大步腾跃，有的小步流星，有的全身绷紧，有的松散轻松，这些区别也往往导致了速度上的差异。

译文：Their running posture is very different, some big strides, some small stride meteors, some body tight, some loose and relaxed, these differences often lead to the difference in speed.

③这本书的写作水平很一般，里面都是一些人云亦云的东西。

译文：The writing level of this book is very general, just like parrot-learned knowledge.

在这句英文翻译中，我们可以看到 parrot 这一单词，其意义是"鹦鹉"，以鹦鹉学舌这一现象来表示人云亦云，没有自己的意见。

在翻译过程中还有另一种错误现象，就是中式英语的翻译，想当然地将一些词语翻译出来，仅仅依据了字面意思，导致出现了错误。比如以下这些词语翻译案例：白菜—white cabbage；密码—secret code；救火—save fire；早恋—early love。

在以上四个词语的翻译中，我们可以明显看到汉语色彩，这是中式英语的一般体现，给翻译带来了较大的影响。在实际的英语表达中，以上四个词语的表达方式为 Chinese cabbage、pass word、fire fighting、puppy love。

（二）字面意义的错位

字面意义的错位主要是在词汇表达和对应上的差异，英语和汉语在不同的事物表述中有着不同的范围，最终导致翻译中上下词语的不对称关系，影响到翻译后的效果。比如汉语中关于"酒"这一词的衍生词语较多，如米酒、黄酒、白酒、啤酒、葡萄酒等，这些酒类名词在英语中的对应意义较少，英语中的酒只有 wine、whisky、beer 等词语，如果将黄酒翻译成"yellow wine"就犯了上文中的中式英语直译错误。再比如汉语中的"杯子"，在英语中没有对应的词汇，只有 glass（玻璃杯）、cup（茶杯）、tumbler（平底玻璃杯）等，但是却没有杯子的对应词。由此可以发现汉语词汇的总结性较强，英语的针对性较强，最终导致在翻译过程中的字面意义错位，影响了翻译的最终效果。

而在英译汉过程中同样有一些单词在意义上缺乏汉语词汇进行对应，比如英语中的 carry 的含义是"moving something from one place to another"，这一含义针对性较强，汉语在表达过程中需要进行解释或采用辅助表达才能够完整地表达这一含义，因此在实际的表达中，汉语应当进行相应的变通。除此之外，汉语中的"杀"一词，一般情况下用于有生命的东西，与"死"的意义联系密切，虽然也有"杀杀他的威风"等连接无生命的词语的表达，但是都比较固定。而在英语中的 kill 不仅是杀有生命的东西，也可以用在无生命的事物上，比如：

① The exciting competition killed the audience.

译文：这场精彩纷呈的比赛征服了观众。

② He goes to the park every day to kill time.

译文：他每天都会去那边的公园中消磨时间。

③ His joke was really killed me.

译文：他讲的笑话实在是笑死我了。

由此可见，英语在翻译过程中与汉语出现语义错位的情况较为频繁，不同的语言文化背景下，对相同事物的描述容易出现差异，也会产生丰富的词义进行解释。这是需要重视起来的一种翻译现象。

（三）词汇缺漏

在翻译过程中，很有可能出现在一种语言中的词汇的意义和概念在另一种语言中不存在，这就导致在翻译过程中出现阻碍。这种现象的形成原因有很多，其中最重要的一点是文化背景以及历史的发展轨迹不同，比如中国古代皇宫中的"太监"一词在翻译过程中一般缺乏对应的词语，即使有"eunuch"一词的对应，由于缺乏语言环境，也会导致理解上的问题，只有对历史背景进行了解，才能够使理解更加准确。

由于不同语言的发展处于不同的文化背景下，再加上科学、经济、政治、文化等的差异，导致不同的语言中有一些难以沟通和理解的文化特征，比如中国著名的伏羲八卦、二十四节气中的一些词汇，在英语中很难找到对应的表达。英语中的一些词语，同样也没有对应的汉语词汇，比如 vicar、priest、black coat、minister 等，在翻译过程中很难找到相对应的词语，只能是笼统地翻译成"牧师"。

自从改革开放以来，我国的社会、经济、政治、文化和生活等多个方面都受到了来自英语语言背景文化的冲击，我们对一些文化进行了了解，对漏缺的词汇进行了补充，降低了翻译的难度。然而，随着我国的社会变化和发展，衍生出来的一些新词汇，在翻译过程中同样存在着一些困难，比如乱收费、费改税、豆腐渣工程等。

（四）文化意义差异

语言是承载着不同文化的载体，其表达方式和内涵往往反映着不同背景下的民族文化心理、价值取向、人际关系、道德观念和审美意识等，并且语言的不同形式导致思维方式存在着较大的差异。比如，汉语中常见的"风"组成的词汇有着较大的差异和变化，如"东风""西北风"两个词，不仅是指不同方向吹来的风，"万事俱备，只欠东风"中的"东风"指的是一种机会，而"我下个月只能喝西北风了"中的"西北风"是用来形容自己一无所有的状态，由此可见不同文化下的词汇对深层含义的表达有着极大的差异和变化。其中影响语言意义的文化因素主要有自然生活环境、生产生活中的物质基础、风俗习惯和民族心理、文化艺术传统。

第一，自然生活环境。不同的地理自然环境下生活的民族对环境的感受不同，从而导致词汇中出现一些明显与地理自然环境相关的词汇。比如英国作为一个面积不大、海岸线很长的海洋国家，在表达的过程中往往会掺杂一些海洋和航海的表达方式。比如：

① as close as an oyster 守口如瓶

② cast an anchor to windward 未雨绸缪

中国则是一个农业国家，关于农业生产中常见事物的词汇比较多，比如古代农业生产与"牛"有着紧密的联系，在表达过程中涉及"牛"的词语很多，如"多如牛毛""力大如牛""老黄牛精神"等。

第二，生产生活中的物质基础。不同国家的物质基础不同，会导致相同事物在不同的国家中有着截然相反的含义。比如"肥肉"一词，对于汉语来说，"这可是块肥肉"大致是指有利可图，值得行动；但是对于国外来说，将"肥肉"翻译成英语"fat meat"，可能会使他们产生不好的印象，从而获得相反的效果。再比如，我国的主食一般为米和面，所以有这样一句话，叫"巧妇难为无米之炊"，没有米就没办法做饭、吃饭，而在西方，米不是主食，没有米也是可以做饭的。如果在翻译过程中将字面意思翻译出来，则很难使外国人理解，这就导致翻译效果降低。

第三，风俗习惯和民族心理。风俗习惯和民族心理对人们的价值取向、道德标准和生活风格有着极大的影响，同时也使得不同地区的人们对相同事物有着不同的看法，从而使语言有着较为独特的含义。比如在西方社会中，ankle 一词的意思是脚踝，能够使他们联想到女子的优美身段和窈窕身姿，而在中国，脚踝一词则没有相应的含义，在翻译过程中需要进行解释和转化。

③ The beautiful model ankled through the hall.

译文：身材姣好的模特优雅地走过大厅。

④ The giggling and beautiful ankle of the beautiful young teacher made Mike a little nervous.

译文：那个年轻漂亮的老师的咯咯笑声和一双漂亮的脚弄得迈克有点心慌。

第四，文化艺术传统。英语和汉语都是流传时间较长的语言，形成了丰富多彩的文化艺术传统，这种文化的积淀诠释了语言的文化意义，但在翻译中容易出现理解上的困难。比如汉语中的"杨柳"不仅是一种树木，其意象更多的是表示离别的伤感和依依不舍，在翻译中需要进行对应，不然容易导致译作出现错误。

三、言内之意和言外之意的翻译和理解

（一）言内之意

言内之意是指语言符号间的关系，是利用语言自身所独有的语音、语法、词汇、句子上的特点来达到某种特殊的表达效果。在文学作品、广告、演讲和笑话中，言内之意是重要的组成部分。在翻译过程中，许渊冲先生也提出了诗歌翻译的三个相似标准，即意似、音似和形似，尽量从意义、语音和语言形式上传达出原文的魅力。

语音是最常见的言内之意的一种，其主要表现在句子或者短句的韵律和押韵之中。比如：

嘴上没毛，办事不牢。

译文：Downy lips make thoughtless slips.

我国古诗由于凝练、韵律强，呈现出一种独特的魅力，在翻译过程中这种韵律实际上很难翻译，这些体现在语音上的言内之意，往往无法翻译，只能或多或少地进行删减，尽量表达这种语音上的变化。

比如五言绝句《江雪》：

江雪

千山鸟飞绝，万径人踪灭。

孤舟蓑笠翁，独钓寒江雪。

译文：

Fishing in Snow

From hill to hill no bird in flight,

From path to path no man in sight.

A lonely fisherman afloat,

Is fishing snow on river cold.

当然，在大多数的翻译过程中，重点依旧是信息的完整传递。信息是否能够完整地传

递到不同语言环境下的读者心中，是最重要的。因此，在翻译过程中，言内之意是否需要翻译往往属于可选择项目，也就是说可以翻译可以不翻译，不管是在什么形式的翻译中，信息的完整传递是最重要的，不能因为言内之意而损害了整体的翻译效果。

（二）言外之意

言外之意是指语用意义，也就是作者在不同的语境中依靠不同词语的延伸意义和褒贬色彩进行信息的传递，其词汇的内涵要放到具体的语言环境中去体现。

英语的正式语体和非正式语体的区别比汉语更加严格。英语的表达方式和语体差异主要是由其演变导致的，比如盎格鲁－撒克逊语言就显得十分口语化，是日常用语和写作中的常用语体；而英语中的法语成分，则一般用在较为正式的场合或者书面语之中；拉丁语和希腊语则一般用在学术和官方文件、演讲之中。这些不同的语体是影响言外之意的重要内容。

在英语中，专业性的语言正式程度普遍较高，而普通语言的正式程度较低，除此之外，正式程度较高的诗歌语言和古代语言与正式程度较低的方言，也形成了一种能够制造言外之意的差异。

在英语中，一个动词往往会有一个短语与之对应，二者的含义相同，但是表达的正式程度不同。动词短语比较朴素和亲切，所代表的范围较大；而单个动词的意义较为明确，也更加正式。

汉语的正式和非正式一般情况下和英语的对比比较弱，汉语在发展过程中，一些正式语和非正式语逐渐朝着公用发展，比如"干杯"一般适用于多个场合，英语则进行了区分，在非正式场合中说"bottoms up"，一般场合会说"cheers"。

第二节　词义的选择和引申

一、词义的选择

（一）根据词的搭配、上下文来确定词义

1.翻译技巧指导

由于语言发展的历史、文化背景差异，英语和汉语的词汇都有各自固定的词组搭配，不同的词组搭配会产生不同的含义，因此翻译时必须注意词汇在不同词组中的确切含义。

2. 例句分析

如 raise 在下列短语中有着不同的词义：

raise fears—引起恐惧

raise vegetables—种植蔬菜

raise a family—养家糊口

raise a fleet—集结一支舰队

raise a monument—建立纪念碑

raise an embargo—解除禁运

raise 在上面六个短语中，由于后接不同的宾语，翻译时必须根据词语搭配译成不同的动词。

根据上下文，同一个短语可以有完全不同的意思。例如：

① As luck would have it, no one was in the hotel when the explosion took place.

译文：很幸运，爆炸发生时宾馆里恰好没有人。

② As luck would have it, there was rain on the day of the camp.

译文：很不幸，野营那天恰好下雨。

例①和例②中，同样的短语 "as luck would have it" 在不同的语境有着完全相反的含义。

（二）通过语篇语境、常识、逻辑推断来确定词义

1. 翻译技巧指导

翻译过程中，语篇不论是对原文的理解还是对译文的构建都起着非常重要的作用。由于语篇是最基本的翻译单位，译者应该予以足够的重视。合格的译者不仅要具备语篇分析能力，还必须具备语篇意识。所谓语篇意识，就是要求译者将语篇看作一个整体，而不局限于词、短语、句子，从语篇整体把握原文、理解原文、再现译文。

2. 例句分析

① The man, who, in old age, can see his life in this way, will not suffer from the fear of death, since the things he cares for will continue. And if, with the decay of vitality, weariness increases, the thought of rest will be not unwelcome: I should wish to die while still at work, knowing that others will carry on what I can no longer do.

译文：既然所关心的事物仍将延续，上了年纪的人如能这样看待生活就不会遭受怕死的痛苦。随着精力衰竭，愈发疲劳，人们会产生死的念头。我知道别人会继续我未完成的事业，我倒愿意工作不息，死而后已。

在这个语篇中，"rest"并不是"休息"的意思。根据上文的"death"及下文的"die"可知，整个语篇讲述的是老人面对死亡的态度，因此，"rest"在这里要译成"死亡"。

有时，译者须根据常识来判断选择词义。请看下面一段关于铜质保温瓶结构的描述。

② Another type is a double-walled copper vessel with the corresponding surface scrupulously cleaned to achieve the high intrinsic reflectivity of copper. A body of charcoal absorbent may be affixed to the outer wall of the fluid container, where it is kept cold and helps to condense any gases remaining in the vacuum space after it is evacuated and sealed off.

译文：另一种类型是有双壁的铜容器，其相应表面洁净无疵以获得铜所固有的高反射率。在流体容器的外壁可以粘着一层木炭吸附剂，它保持着低温并在容器抽空和密封后帮助冷凝残留在真空空间的气体。

此句的翻译关键在于两个"it"的意思。根据上面的译文，两个"it"都指"fluid container"。这显然不对。从原文看，"fluid container"明显指铜质保温瓶盛装液体的内胆，而内胆怎么能抽空呢？根据生活常识，保温瓶中要抽空的是内外夹层之间的夹套，即原文中的"the vacuum space"，因此第二个"it"应指"the vacuum space"。

再举一个简单一点的例子，"She could knit when she was seven."一句中的"knit"，其基本意思是"编织"，但译文不能只说"织"或"编织"，必须把动词的宾语补上，因为汉语里说"她七岁时就会（编）织"显得不够自然。那么"织"什么呢？根据我们的生活经历，一般是织毛衣，而不是织麻袋什么的，因此原句可译为"她七岁时就会织毛衣"。

常识也包括一些很简单的科普知识。如果科技知识为大众所熟知，那就要利用科学背景知识来确定词义。

③ Automobiles and trucks would be powered by quickly replaceable electric batteries.

译文 1：汽车和卡车则可以迅速替换的电池组作动力。

这个译文乍一看似乎没有问题，可是从逻辑的角度仔细思考，我们会发现，"汽车"和"卡车"两个概念是蕴含与被蕴含的从属关系，即"卡车"包含在"汽车"之中。"汽车"是属概念，"卡车"是种概念，译文犯了种属概念并列的逻辑错误。automobiles 除了作"汽车"讲外，还可作"轿车"解。因此正确的译文如下所示：

译文 2：轿车和卡车则可以迅速替换的电池组作动力。

二、词义的引申

（一）抽象化或具体化引申

1. 翻译技巧指导

翻译中有两种词义引申处理方法：抽象化引申和具体化引申。但无论哪种引申，都必须适度，以清晰表达原文意思为准，否则可能陷入胡译、乱译的泥沼。

2. 例句分析

① He managed to make a living with his pen.

译文：他靠写作勉强为生。

② The pen is mightier than the sword.

译文：智慧胜过武力。

"pen"一词本意为"钢笔"，但在①和②中若翻译为"钢笔"，则会使译文模糊不清。因此翻译时应根据语境对这个词的词义进行抽象化引申，明确词义。

③ Every life has its roses and thorns.

译文：每个人的生活都有甜和苦。

虽然"roses and thorns"本意是指"玫瑰和刺"，但若这样直译，会使人产生误解。根据语境，这组词要表达的是酸甜苦辣的人生百味，因此应译成"甜和苦"或"幸福和痛苦"。

④ See-sawing between partly good and faintly ominous, the news for the next four weeks was never distinct.

译文：在那以后的四个星期内，消息时而有所好转，时而又有点不妙，两种情况不断地交替出现，一直没有明朗化。

"see-sawing"是从"see-saw"（跷跷板）转化而来的动词，本作"玩跷跷板"解，这里根据上下文引申为"两种情况不断地交替出现"。

英语中也有用代表抽象概念或属性的词来表示一种具体事物的情况，译成汉语时一般可作具体化引申。有些词在特定的上下文中，其含义是清楚的，但译成汉语时还必须做具体化的引申，否则就不够清楚。

（二）翻译出词汇的褒贬色彩

语言本身虽没有阶级性，但在具体使用时往往带有一定的色彩。为了忠实于原文的思想内容，翻译时必须正确理解原作者的基本政治立场和观点，选用恰当的词义表达。英语中有些词本身就表示褒贬意义，翻译时就应该把褒贬意义相应地表达出来；但也有些词语孤立起来看似乎是中性的，译成汉语时就要根据上下文恰如其分地把它们的感情色彩表达出来。

① He was a man of high renown.

译文：他是位有名望的人。（褒义）

② His notoriety as a rake did not come until his death.

译文：他作为流氓的恶名是他死后才传开的。（贬义）

"renown"和"notoriety"两个词都含有名声的意思，但前者是褒义的，后者是贬义的。因此在翻译时应译出它们的褒贬色彩，才能准确表达原文的意思。

③ An aggressive country is always ready to start a war.

译文：好侵略的国家总是准备挑起战争。（贬义）

④ An aggressive young man can go far in this firm.

译文：富有进取心的年轻人在这家公司前途无量。（褒义）

"aggressive"在英语中是一个中性词，但在不同的语境下可以表达褒义或贬义。

第三节　词汇的翻译方法

一、词性转换

汉语和英语属于两种不同的语系，在词汇、语法和表达方式上存在着很大差异。如果在翻译过程中过于拘泥于原文的词性，完全按照原文词性来进行翻译，往往会造成译文生硬别扭，不够通顺。因此考虑到英汉两种语言的差异，为使译文更加符合译语的习惯，更加流畅自然，有时需要进行词性转换，否则很难表达原意，或者使译文不合乎汉语规范。词性转换不仅是重要的译词手段，也是一种常用的翻译技巧，是指在必要的时候，将原文中的某个词的词性在译文里用其他词性表达出来。词类转译的情况可归纳为以下四种。

（一）转译成名词

1. 动词转译为名词

英语中很多动词在汉语中往往找不到相应的动词，翻译时可处理为名词。例如：

① To them, he personified the absolute power.

译文：在他们看来，他就是绝对权威的化身。

② A ring symbolizes everlasting love.

译文：戒指是爱情忠贞不渝的象征。

③ Trade union leaders claimed that some of their members had been victimized by being dismissed.

译文：工会领袖们指出有些会员遭到解雇，成了牺牲品。

④ The audience laughed the speaker down.

译文：听众用讪笑声将演讲者哄下台。

⑤ He lunched me well at a restaurant yesterday.

译文：昨天他请我在饭馆里吃了一顿像样的午餐。

2. 形容词转译成名词

某些形容词的前面加定冠词，表示某一类人或某种抽象概念，这类形容词常译为汉语名词。例如：

① They did their best to help the sick and the wounded.

译文：他们尽了最大的努力帮助病号和伤员。

② Robin Hood and his merry men hated the rich and loved and protected the poor.

译文：罗宾汉和他的伙伴们痛恨富人，热爱并保护穷人。

③ The true, the good and the beautiful would not exist without the false, the evil and the ugly.

译文：没有假、恶、丑，就不存在真、善、美。

④ They are going to build a school for the blind and the deaf.

译文：他们打算为盲人和聋人修建一所学校。

此外，根据情况还有些形容词可以译成名词。例如：

⑤ Stevenson was eloquent and elegant—but soft.

译文：史蒂文森有口才、有风度，但很软弱。

3. 副词转译名词

有些英语副词是由名词派生的，在句中作状语，表示"用……方法""在……方面"等意义。译成汉语时，可根据具体情况，将这类副词译为汉语名词。

① Oxygen is one of the important elements in the physical world. It is very active chemically.

译文：氧是物质世界的重要元素之一，它的化学性质很活跃。

② He is physically weak but mentally sound.

译文：他身体虽弱，但思想健康。

（二）转译成动词

英语和汉语相比，一个显著的特点是汉语是以动词为中心，英语是以名词为中心，因此往往在英语句子中只用一个谓语动词，而在汉语中需用几个动词。例如：

He admires the President's stated decision to fight for the job.

译文：他对总统声明为保住其职位而决心奋斗表示钦佩。

上述英语句子中只有一个谓语动词 admire，其他用的是过去分词（stated），动词派生名词（decision），不定式（to fight）和介词（for）等。汉语由于无形态变化，往往出现几个动词连用的情况。因此，英译汉中，不少词类，如名词、介词、形容词、副词等需译成动词，方能表达原意，合乎汉语规范。分别举例论述如下：

1. 名词转译为动词

英语中很多名词都是从动词变化而来的，具有动态的含义，且形态相对简单，常常用来表示动词含有的动作、行为、变化、状态、品质、情感等概念。因此，名词化成为英语使用中的普遍现象，构成了以静态为主的语言特征，即所谓的"名词优于动词"。而汉语是动词占优势的语言，使用较多的动词，除了大量的动宾结构外，还有两个以上动词连用的联动式、兼语式。因此，英译汉时常常需要把英语名词，特别是抽象名词，转换成汉语动词。

① iPhone users have a reputation for being smug—and now they may have a good reason.

译文：使用 iPhone 的人通常都自命不凡，而如今他们这种心态有了一个更加充分的理由了。

② The death of King Abdullah of Saudi Arabia on Thursday, at about age 90, leaves British Queen Elizabeth Ⅱ as the oldest living reigning monarch in the world.

译文：周四，沙特阿拉伯国王阿卜杜拉去世，享年 90 岁。英国女王伊丽莎白二世成为世界上仍然在世的年龄最大的统治君主。

③ Too much work and too much wine go together like biscuits and cheese, a new international study finds.

译文：一项新的国际研究发现，工作繁重会导致饮酒过量问题，两者就像饼干和奶酪一样密不可分。

④ The improbable pregnancy was big news for the woman's family.

译文：她竟然能怀孕，对她的家庭来说可是一件大消息。

⑤ I am afraid I can't teach you swimming. I think my little brother is a better teacher than I.

译文：我未必会教你游泳。我想我的小弟弟比我教得好。

⑥ It is already dark, and the chorus of insects and frogs is in full swing.

译文：天已经擦黑，虫鸣蛙噪，一片喧闹。

2. 介词转译为动词

英语中许多含有动作意味的介词，如 across、past、toward 等往往汉译成动词。

① "Coming!" Away she skimmed over the lawn, up the path, up the steps, across the veranda, and into the porch.

译文："来啦！"她转身蹦跳着跑了，越过草地，跑上小径，跨上台阶，穿过凉台，进了门廊。

② Many more visitors than it can comfortably be poured in it, off the regular steamers, off chartered motorboats and off yachts; all day they amble up the small path to the village, looking for what?

译文：来客多了，这小地方就拥挤不堪。搭班船的，坐包船的，驾游艇的，一批批涌到，从早到晚，通过那条小路，漫步进村观光，想看什么呢？

③ She has intelligence beyond the ordinary.

译文：她的智力超过常人。

④ That is a picture after Picasso.

译文：那是一幅模仿毕加索的画。

⑤ The postman left a letter with a American stamp for him.

译文：邮递员给他送来了一封贴有美国邮票的信件。

⑥ Then I felt the gun, cold, against my head.

译文：然后，我感觉到冰冷的枪口顶住了我的头。

3. 形容词转译为动词

英语中表示知觉、情感、欲望等心理状态的形容词，在联系动词后作表语用时，往往可转译成汉语动词，常见的这类形容词有 confident、certain、careful、cautious、angry、sure、ignorant、afraid、doubtful、ware、concerned、glad、delighted、sorry、ashamed、thankful、anxious、grateful、able 等。

① The fact that she was able to send a message was a hint, but I had to be cautious.

译文：她能够给我带个信儿这件事就是个暗示，但是我必须小心谨慎。

② I'm doubtful whether he is still alive.

译文：我怀疑他是否仍活着。

③ The doctor felt sympathetic with his patients.

译文：医生同情病人。

④ We found out that he was exceedingly fond of fishing.

译文：我们发现他特别喜欢钓鱼。

⑤ This program was not popular with all of them.

译文：他们当中并不是所有的人都赞成这项计划。

⑥ Despite technical progress, food production is still completely dependent on weather.

译文：尽管已经取得了技术上的进步，粮食生产仍然完全取决于天气。

4. 副词转译为动词

有些英语副词，如 on、off、up、in、out、over、behind、forward 和系动词 be 一起构成合成谓语，或在句中作宾语补足语、状语时，往往可转换成汉语的动词。

① She changed her plea to the more specific "help, let me in, please let me in".

译文：她把呼救变成了更具体的"救命，让我进去，请让我进去"。

② When he went back, the radio was still on, for he forgot to turn it off when he left.

译文：他回来时，收音机仍开着，因为他离开时忘记关了。

③ The physical experiment is over.

译文：物理实验结束了。

④ As he ran out, he forgot to have his shoes on.

译文：他跑出去时，忘记了穿鞋子。

⑤ That day he was up before sunrise.

译文：那天他在日出以前就起来了。

⑥ Down with the old and up with the new.

译文：破旧立新。

⑦ The newspaper was down at six yesterday.

译文：昨天报纸六点钟付印。

⑧ She opened the window to let fresh air in.

译文：她把窗子打开，让新鲜空气进来。

（三）其他词类转译法

语言是个无限生成的系统，在翻译实践中，词类转译的情形也是千变万化的。不同词类之间相互转译是常见的现象，只要译文忠于原文并符合表达习惯，可以改变词类。例如：

① He talked for some time with Bundy, and his questions reflected the enormity of his doubts.

译文：他同邦迪谈了一会，他提出的问题反映出他有很大的怀疑。（名词转化为形容词）

② It was a clear and unemotional exposition of the President's reasons for willing to begin a Chinese-American dialogue.

译文：这篇发言清楚明白，心平气和地说明了总统希望开始中美对话的原因。（形容词转化为副词）

③ Backley was in a clear minority.

译文：巴克利显然属于少数。（形容词转化为副词）

④ He managed to make a mess of it.

译文：他竟然把这件事搞得一塌糊涂。（动词转化为副词）

⑤ The workers have succeeded in making high quality TV sets of all types.

译文：工人们已成功地制造出各种类型的高质量电视机。（动词转化为副词）

⑥ The music is a gas.

译文：这音乐妙极了。（名词转译为形容词）

⑦ I have the honor to inform you that your application has been accepted.

译文：我荣幸地通知阁下，您的申请已被接受。（名词转化副词）

⑧ Einstein watched it in delight, trying to deduce the operating principle.

译文：爱因斯坦饶有兴致地注视着它，试图推断它的操作原理。（名词转化为副词）

⑨ The President had prepared meticulously for his journey.

译文：总统为这次出访做了十分周密的准备。（副词转译为形容词）

⑩ The film *Carve Her Name with Pride* impressed him deeply.

译文：《女英烈传》这部电影给了他深刻的印象。（副词转译为形容词）

⑪ My fingers lingered almost unconsciously on the familiar leaves and blossoms which had just come forth to greet the sweet southern spring.

译文：我几乎是无意识地用手抚摸着我所熟悉的叶片和花朵，这新长的叶片和刚开的花朵在南方迎来了芬芳的春天。（形容词转译为名词）

⑫ When I finally succeeded in making the letters correctly I was flushed with childishly pleasure and pride.

译文：我终于把几个字母写对了，这时我天真地感到无限的愉快和骄傲。（形容词转化为副词）

⑬ I did not know that I was spelling a word or even that words existed; I was simply making my fingers go in monkey-like imitation.

译文：当时我并不知道自己是在拼写一个词，甚至不知道有所谓的词，不过是像猴子一样用手指模仿而已。（形容词转化为副词）

⑭ John was a quiet and thoughtful man.

译文：约翰举止优雅，待人体贴。（形容词转译为主谓词组）

⑮ He was not a success.

译文：他没有成功。（名词转译为动词）

二、增词法

由于英汉两种语言文字之间存在巨大差异，翻译过程中很难做到字词层面的完全对应。为了准确传达出原文信息，往往需要对译文做一些增减。增词法就是指在翻译时按照修辞句法的需要在译文中增加一些原文虽无但有其意的词。增词或是为了补足语气，或是为了连接上下文，有时则是为了避免译文意义含混。这当然不是无中生有地随意增词，而是增加原文中虽无其词而有其意的一些词。从理论上说可以根据具体的上下文增加任何词，但在什么时候增加什么样的词才能恰到好处，而不超出一定的界限，则需要悉心体会。试看下例：

The molecules of hydrogen get closer and closer with the pressure.

译文：随着压力增加，氢分子越来越近。

译文中添加了"增加"二字，这样才符合原文的逻辑意义。如不增词而译成"随着压力，氢分子越来越接近"，其意思就不明确。这里,with pressure 就内含"压力增加"的意思，所以，在译文中添加"增加"二字是忠实于原文的。由此可见，翻译时增词是出于意义上、语法上或修辞上的需要，也是翻译中必不可少的技巧之一。

（一）语义性增词

语义性增词是指为使译文语义明确，根据意义上的需要在译文中增加原文中没有的词，如原文中暗含而无需明言的词语、概括性词语等。

1. 增译名词

① I was struck by their cordiality to each other.

译文：他们彼此的亲密态度让我吃惊。

② He ate and drank, for he was exhausted.

译文：他吃点东西，喝点酒，因为他疲劳不堪了。

英语中有些动词作不及物动词时，宾语实际上是隐含在动词后面的，译成汉语时往往要把它表达出来。例如，上句中 ate and drank，是"吃点东西，喝点酒"的意思，如果不译出隐含的"东西"和"酒"，译文"他吃、喝"的意思就不明确。

③ Oxidation will make metals rusty.

译文：氧化作用会使金属生锈。

具有动作意义的抽象名词，翻译时可根据上下文在其后面增添适当的名词，使译文更合乎规范，如上句中 oxidation（氧化）译成化学中规范的用语"氧化作用"就比较贴切。类似这样的抽象名词在翻译时都可以这样处理，如 transition（演变过程）、development（开发工程）、processing（加工方法）、preparation（准备工作）、tension（紧张局势）、backwardness（落后状态）、modesty（谦虚态度）、brutality（残暴行为）、assimilation（同化作用）、contraception（避孕措施）、anti-violence（防暴措施）、sympathy（同情心理）、arrogance（自满情绪）、persuasion（说服工作）。

④ Much of our morality is customary.

译文：我们大部分的道德观念都有习惯性。

⑤ "According to Dr. John, " he said, "the patient's life is still in danger. The first aid must be rendered as soon as possible."

译文："根据约翰大夫的诊断，"他说，"这位患者的生命仍然处于危险之中，必须尽快采取急救措施。"

英语中引用一个人的语录、文章、发言、意见时，常用"according to ＋ 人名""from ＋ 人名"或"by ＋ 人名"，如"according to Dr. John"，是指约翰大夫对病情的诊断，但译成汉语时，必须加词，如果直译为"根据约翰大夫"，则不符合汉语的习惯。再如：

⑥ No phrase was borrowed: it was pure Roosevelt.

译文：这里没有一句话抄袭别人，纯粹是罗斯福的口吻。

⑦ He reads Shakespeare.

译文：他阅读莎士比亚的作品。

⑧ Anton Rubinstein was renowned for his rendition of Tchaikovsky.

译文：鲁宾斯坦以演奏柴可夫基的作品而著名。

⑨ This is a passage quoted from Mark Twain.

译文：只是从马克·吐温著作中引用的一段话。

⑩ He was wrinkled and black, with scant gray hair.

译文：他满脸皱纹，皮肤很黑，头发灰白稀疏。

上例中，he was wrinkled and black 如译成"他又皱又黑"，意思就不甚明了，现在在形容词前加上名词"满脸"和"皮肤"，又将 wrinkled 转译成名词"皱纹"，译文就显得生动贴切多了。

2. 在名词前后增译动词

英语句中一些不及物动词，可以在汉语中作及物动词使用，这时就必须在译文中增加宾语，否则意义不完整。例如：

① I could knit when I was seven.

译文：我七岁就会织毛衣了。

② First you borrow, then you beg.

译文：头一遭借钱，下一遭就讨饭。

③ Mary washed for a living after her husband died of acute pneumonia.

译文：玛丽在丈夫患急性肺炎去世后，就靠洗衣服维持生活。

④ He wanted to learn, to know, to teach.

译文：他想学习，增长知识，也愿意把自己的知识教给别人。

有时在形容词前也要增加名词。例如：

⑤ The latest type of the TVR system is light, inexpensive and easy to manipulate.

译文：这种最新型的电视录像装置分量轻、价格低、操作简便。

⑥ He is a complicated man—moody, mercurial, with a melancholy streak.

译文：他是一个性格复杂的人——喜怒无常，反复多变，有些忧郁寡欢。

同理，以下则需在名词前增加动词。

⑦ Science demands of men great effort and complete devotion.

译文：人们要掌握科学，必须做出巨大的努力并对之怀有无限的热爱。

如果不使用增词技巧，这句话很可能直译为"科学需要人们巨大的努力和无限的热爱"。显然这是不通顺的中文。要想把这句话译得通顺，我们不妨运用增词技巧，在"科学""努力"和"热爱"三个名词此前分别加上三个动词。

⑧ "Nobody could count on his restraint or rationality." he said.

译文：他说："谁也不能指望他会采取克制或讲道理的态度。"

翻译时，在 restraint（克制）和 rationality（道理）两个名词前分别加上了"采取"和"讲"两个动词。

⑨ After the football match, he's got an important meeting.

译文：在观看足球比赛之后，他得参加一个重要会议。

⑩ My work, my family, my friends were more than enough to fill my time.

译文：我干工作，我做家务，我有朋友往来，这些占用了我的全部时间。

3. 增译概括词

此外，英语和汉语都有概括词。英语中的 in short、and so on、etc. 等，翻译时可以分别译为"总之""等等""等"。但有时英语句子中并没有概括词，而翻译时却往往可增加"两人""双方""等""凡此种种"等概括词。如：you and I（你我两人）；militarily, politically and economically（军事、政治、经济等各方面）。例如：

① Sino-British links have multiplied—political, commercial, educational, cultural, defense, science and technology.

译文：中英两国在政治、商务、教育、文化、国防和科技等领域的交往成倍地增加。

② The thesis summed up the new achievements made in electronic computers, artificial satellites and rockets.

译文：论文总结了电子计算机、人造卫星和火箭三方面的新成就。

4. 增补原文中省略的词

① My brother majors in English, and I in physics.

译文：我的兄弟主修英语，我主修物理。

② I love you, I have and will forever.

译文：我爱你，一直爱你，并将永远爱你。

③ Courage in excess becomes foolhardiness, affection weakness, thrift avarice.

译文：勇敢过度，即成蛮勇；感情过度，即成溺爱；俭约过度，即成贪婪。

④ Paris all truth, Versailles all lies; and that lies vented through the mouth of Thiers.

译文：巴黎全是真理，凡尔赛全是谎言，而这种谎言是从梯也尔嘴里发出的。

⑤ We won't retreat, we never have and never will.

译文：我们不后退，我们从来没有后退过，我们将来也决不后退。

⑥ Matter can be changed into energy, and energy into matter.

译文：物质可以转化为能量，能量又可以转化为物质。

⑦ This victory in polemics means the victory of civilization over ignorance, of science over superstition and of truth over falsehood.

译文：这次论战的胜利意味着文明对愚昧的胜利，科学对迷信的胜利，真理对谬误的胜利。

原文中在第二和第三个 of 前均省略了 victory 一词，故在译文中应补上"胜利"二字。

5. 增加带解释性的词

对于有些原文，如果直译，会使读者感到意义含混不清。因此，译者在理解原文之后，要挖掘原文的内在精神，在译文中添加一些反映背景情况或解释性的词语，把原文的内在精神传达出来。

① *Le Monde*, the BBC, *The New York Times*, the entire Arab press, all quote Heikal at length.

译文：法国的《世界报》、英国广播公司、美国《纽约时报》及整个阿拉伯报界，都经常大量引用海卡尔的话。

原文 *Le Monde*（《世界报》）前没有说明是哪国的报刊，加上反映背景情况的词"法国的"，与后面的"英国""美国""阿拉伯"相对应。

② I am in charge of the depot, only I. People will hold me responsible but not you.

译文：只有我一个人负责管理这个仓库，出了事情别人找我，找不到你。

为了使译文通畅流利，根据原文的深层意思，在第二句前加上"出了事情"四个字。

③ In April, there was the "ping" heard around the world. In July, the ping "ponged".

译文：四月里，全世界听到中国"乒"的一声把球打了出去；到了七月，美国"乓"的一声把球打了回来。

这句话讲的是 20 世纪 70 年代中国与美国之间进行乒乓外交的事。如直译为"四月里，全世界听到乒的一声；七月里，这乒声却乓了一下"，读来就不知所云了。译文中加上反映背景情况的词，意思便一目了然。

带解释性的词常用在习语的翻译上。如 milk and water 可译成"牛奶掺水，淡而无味"（增词"淡而无味"）；to shed crocodile tears 可译成"猫哭老鼠假慈悲"（增词"假慈悲"）。这种歇后语的翻译都需要增加解释性词汇。

6. 增加背景词

英语中某些表达方式，特别是一些惯用法，往往与地理、历史或文化背景有关，翻译时需要增加反映背景知识的词，以使意思明白。

① America was too strong to be opposed head-on, to do so was to tilt at the windmills.

译文：那时美国太强大，难以与其正面抗衡，那样做无异于堂吉诃德挥长矛驱赢驴向风车冲去。

② Those were the words that were to make the world blossom for me, "like Aaron's rod, with flowers".

译文：后来就是这些词把一个美好的世界展现在我们面前，就像《圣经》上说的，"亚伦的杖开了花"一样。

③ This great scientist was born in New England.

译文：这位伟大的科学家出生在美国东北部的新英格兰。

（二）语法性增词

1. 增补量词

在汉语中，量词除了具有与数词构成数量词组的组合功能之外，还有表意功能和概括功能。作为计量单位的量词，如磅、千克、元、千米等，在英语里都是名词，因此把它们直接转换成相应的汉语词语即可。用于同可数名词组合的物量词，如个、只、件、条、根等，是英语中没有的，在翻译时需要根据汉语名词的形状、特征或材料内容相应地增添。例如：a pen（一支笔）；an airplane（一架飞机）；a pig（一头猪）；a horse（一匹马）。

① Beny had a one chair barbershop in the neighborhood.

译文：比尼在那一带开了一家只有一张椅子的理发店。

汉语中用来与动词组合的动量词，如"遍、回、番、顿"等，多数也是英语中所没有的，在汉译时，可以根据具体情况加在动词的后面。例如：have a rest（歇一下）；have a look（看一眼）。

② I was extremely worried about her, but this was neither the place nor the time for a lecture or an argument.

译文：我替她担心得要命，可是此时此地，既不宜教训她一番，也不宜跟她争论一通。

③ Mr. Parsons coughed.

译文：帕森斯咳了一声。

有些汉语量词修饰名词时，还具有特殊的审美功能，如 a crescent moon（一钩新月）、a red sun（一轮红日）。

④ A stream was winding its way through the valley into the river.

译文：一弯溪水蜿蜒流过山谷，汇入江中。

⑤ They drove in a black limousine, past groves of birch trees and endless rows of identical new building.

译文：他们乘坐一辆黑色轿车，经过一丛丛的白桦树和看不到尽头的一排排式样相同的新住宅。

2. 增补时态与复数

在英语中，动词时态和名词的复数含义往往表现在词语本身的曲折变化上，因此统称为结构意义或语法意义；在汉语中，这类含义或是不言而喻，或是通过相应的词语（如副词、助词等）来表达。因此，对于原文中的各种语法意义，要根据具体情况用增词法来实现，比如原文中不同的时态意义在译文中的再现。

① I treated you as my brother, but not now.

译文：我曾经把你当成兄弟，但现在不了。

② Before he sailed around the world single-handed, Francis Chichester had already surprised his friends several times.

译文：弗朗西斯·奇切斯特在独自驾船作环球航行之前，已经有好几次让他的朋友感到吃惊了。

③ Britain's railway system is being improved.

译文：英国的铁路系统日臻完善。

④ I had imagined it to be merely a gesture of affection, but it seems it is to smell the lamb and make sure that it is her own.

译文：原来我以为这不过是一种亲热的表示，但是现在看来，这是为了闻一闻羊羔的味道，断定是不是自己生的。

又如，复数意义可以通过增添汉语助词、量词、概括性词语以及副词、形容词等来再现。如：

⑤ the Johnsons

译文：约翰逊一家

⑥ the Qing emperors

译文：清朝历代皇帝

⑦ When the bell rang, students ran out of the classroom.

译文：铃一响，学生们就纷纷跑出了教室。

3. 补足附加意义

英语中有许多词语本身就具有附加意义，或在具体使用中带有各种附加意义，因此，在翻译时可以通过增加适当的词补足附加意义。

① During the meeting, Tom kept murmuring about his salary.

译文：开会期间，汤姆喋喋不休地念叨着他的工资。

② Vichy was an energetic student who labored at her dissertation on a little-known 14th century poet.

译文：维基精力充沛，孜孜不倦地撰写她那篇论述14世纪一位不知名诗人的学位论文。

③ You must come back before nine. Period!

译文：你必须九点前回来。没有什么可商量的余地！

④ An episode of humor or kindness touches and amuses him here and there.

译文：他不时会碰到一两件事，或是幽默得逗人发笑，或是显得出人心忠厚的一面，使人感动。

⑤ There are scenes of all sorts, some dreadful combats, some grand and lofty horse-riding, some scenes of high life, and some of very middling indeed; some love-making for the sentimental, and some light comic business.

译文：看看各种表演，像激烈的格斗、精彩的骑术、上流社会的形形色色、普通人家生活的情形、专为多情的看客预备的恋爱场面、轻松滑稽的穿插等。

从上述例句看出，加进去的词的意思原文都有，只是不很明显。

（三）修辞性增词

1. 添加形容词或副词，增加修辞效果

① Inflation has now reached an unprecedented level.

译文：通货膨胀现在已经发展到空前严重的地步了。

如果不加形容词"严重"二字，则译句成了"通货膨胀已经发展到空前的地步"。

② And Homer! Is not he likewise human? Even Homer may sometimes nod. To err is human.

译文：荷马！他不也是"活生生"的人吗？即使荷马也有打盹的时候。过失人皆难免。

译句中加上了形容词"活生生"。如译成"他不也是人吗？"就显得文理不顺，读之平淡生硬。

③ It must have been surprising to see a little girl working at a high table, surrounded by maps and all kinds of instruments.

译文：看到一个小女孩趴在堆满地图和仪器的高桌上聚精会神地工作时，谁也会感到惊讶。

如原文"... see a little girl working at ..."译为"看到一个小女孩……工作时"，就显得很平淡，在"工作时"前边加上"聚精会神地"这一副词，就跟"感到惊讶"相匹配，这就大大加强了译文的修辞效果。

④ It was the best of times, it was the worst of times, it was the age of wisdom, it was the age of foolishness, it was the epoch of belief, it was the epoch of incredulity.

译文：这是一个昌盛之世，但也是一个衰败之世；这是一个智能的时代，但也是一个愚蠢的时代；这是一个充满信仰的新纪元，但也是一个充满怀疑的新纪元。

上例中，三个"但也"是加上去的，不加则前后句连接不起来，译文中不作鲜明的对比，则显不出这个时代充满的种种矛盾。

2. 成语翻译中的增词法

汉语成语讲究排比，成分虽异但含义相同，英语成语则很少有这种结构。例如"破釜沉舟"这一成语中的"破釜"和"沉舟"寓意相同，而在相应的英语成语 burn one's boat 中则只有一个 boat，并无意思重复的排偶词语。翻译时，应服从汉语习惯，加上骈文形式的重义词。例如：

① angle for fame

译文：沽名钓誉（增词："钓誉"）

② in deep waters

译文：水深火热（增词："火热"）

③ blow one's own trumpet

译文：自吹自擂（增词："自擂"）

④ two-faced tactics

译文：两面三刀（增词："三刀"）

⑤ have a well-oiled tongue

译文：油嘴滑舌（增词："油嘴"）

三、减词法

减词是从汉语角度看在译文表达中省去原文中多余的词。省译并不减少词汇所表达的实际概念，丝毫不影响原文的思想内容。所省译的往往是原文结构视为当然甚至必不可少的，而译文结构视为累赘的词语。省译词语的目的就是保证译文简洁明快、严谨精练。反之，若过分拘泥于形式或字面上的"等值"，则译文反嫌累赘或违背译文语言习惯而文笔不顺。下面以实例说明词语省译法在英汉翻译中的具体运用。

（一）省译英语结构上必需，但汉语语法上却不必要的词

英语的虚词，也称结构词或功能词，包括冠词、介词、助动词、并列连接词和从属连接词，在英语中没有实际意义，不能单独作为句子成分，但在表示语法关系时常常必不可少。但在汉语中，虚词往往可以省略，句子结构依然完整，思想表达不受影响。以下分别予以讨论。

1. 省译冠词

冠词是英语特有的词类。冠词往往并不表达具体的词义，而只是为了满足语法对遣词造句形式上的需要。汉语中没有冠词，也没有与之相当的词类，因而，汉译时这种冠词经常省略不译。下面分别讨论定冠词和不定冠词的翻译省略情况。英语定冠词在泛指类别、表示世界上独一无二的事物，或者用于带有限定性定语的名词之前、形容词最高级或序数词之前时，汉译时一般省略。

（1）定冠词的省略

① The pen is mightier than the sword.

译文：笔杆子比刀剑更有力。

② The pump is one of the oldest machines.

译文：泵是最古老的机器之一。

③ The earth is larger than the moon, but smaller than the sun.

译文：地球比月球大，但比太阳小。

④ The greater the resistance of a wire, the less electric current will pass through it under the same pressure.

译文：在电压相同的情况下，导线的电阻越大，流过的电流就越少。

（2）不定冠词的省略

不定冠词在泛指某一类事物中的任何一个或用于某些固定词组等情况下，汉译时往往省略不译。

① A soldier should be loyal to his country.

译文：士兵应该效忠祖国。

② A camel is much inferior to an elephant in strength.

译文：骆驼的力量远不及大象。

③ With an equation we can work with an unknown quantity.

译文：利用方程，我们可以求解未知量。

④ I am not a poet, I could not write a single line to depict its beauty.

译文：我不是诗人，我写不出一行诗句来描绘它的美丽。

⑤ A teacher should have patience in his work.

译文：当教师的应当有耐心。

英语中有许多含有不定冠词的常用短语，汉译时，这种短语中的不定冠词一般省略不译。例如：on a large scale（大规模地）；a large number of（大量）；as a matter of fact（事实上）；make an exception of（将……除外）；on a fifty-fifty basis（在对开分的基础上）；go a long way（达到很远，用得很久）。

但是，在不定冠词明显地表示数量"一"，或是表示"每一""同一"之意时，往往就不宜将其减译。例如：

She stared at me without saying a word.

译文：她一句话不说地瞪着我。

2. 省译介词

介词表达词与词之间的关系。介词本身有一定的词义，但是，当介词与动词或名词结合，构成多种多样的短语时，其本身的意义就失去了。在汉语中，词与词之间的关系主要是通过词序和意会来区分的。因此，英译汉时，介词除转译为汉语动词等词类外，省译的情况比较多见。例如：

① Now complaints are heard in all parts of that country.

译文：该国各地目前怨声载道。

② No smoking in the test site.

译文：试验场所不许吸烟。

③ The products produced by this factory are good in quality and low in price.

译文：该厂生产的产品物美价廉。

④ Any substance is made of atoms whether it is a solid, a liquid, or a gas.

译文：任何物质，不论是固体、液体或气体，都是由原子构成的。

⑤ There are many kinds of bacteria which vary in shape and in size.

译文：细菌有许多种，形状和大小各不相同。

⑥ He remained silent with his head down all the time.

译文：他始终低着头一言不发。

⑦ He stared at me with his fist clenched.

译文：他紧握拳头，怒视着我。

3. 省略连接词

汉语中连接词用得不多，其上下逻辑关系常常是暗含的，由词语的词序来表示。英语则不然，连接词用得比较多。因此，英译汉时，在很多情况下可以不必把连接词翻译出来。例如：

① Pure water freezes at 0 ℃ and boils at 100 ℃ under standard pressure.

译文：在标准大气压下，纯水在摄氏零度时凝固，在一百摄氏度时沸腾。

② Sometimes we need to convert the horsepower to the watt or the other round.

译文：有时我们需要把马力换算成瓦，有时又需要把瓦换算成马力。

③ I remember where a toad may live and what time the birds awaken in the summer—and what trees and seasons smelled like—how people looked and walked and smelled even.

译文：我记得蛤蟆喜欢在什么地方栖身，鸟雀夏天早晨什么时候醒来——我还记得树木和不同的季节特有的气息——记得人们的容貌、走路的姿态，甚至身上的气味。

④ When it is dark in the east, it is light in the west; when things are dark in the south there is still light in the north.

译文：东方不亮西方亮，黑了南方有北方。

⑤ As the CPI keeps increasing, the government has taken some measures to curb the rise of the price and implemented some policies to benefit the people.

译文：消费者物价指数持续上涨，政府已经开始采取抑制物价上涨的措施，并开始实施一些惠民政策。

⑥ If I had known it, I would not have joined in it.

译文：早知如此，我就不参加了。

4. 省译代词

英语中代词的使用频率远远高于汉语。因此，英文汉译时往往按照汉语习惯将原文中的一些代词省略。

（1）省略作主语或宾语的人称代词

① He who never reached the Great Wall is not a true man.

译文：不到长城非好汉。

② We live and learn.

译文：活到老，学到老。

③ Given the weight and the specific gravity of a body we can calculate its volume.

译文：已知物体的重量和比重，就能求出其体积。

人称代词 we 和 you 在科技文章中往往是泛指的，具有"概括"或"不定"的意义，翻译时大多省译。

④ He was naturally proud and ambitious, but he was honest and true, and always put the interests of his own countrymen before his own.

译文：他天生骄傲，而且野心勃勃，但却真诚正直，常把国人的利益看得比自己的还重。

（2）省略物主代词

① You have to give your reasons before you change your mind.

译文：在改变主意之前，你必须说明理由。

② If she were alive today she should not be able to air her views on her favorite topic of conversation: domestic servants.

译文：如果她活到今天，就不会对"家仆"这个她所喜爱的话题高谈阔论了。

③ Halliday put his pipe down, crossed his hands behind his neck, and turned his face towards the window.

译文：哈利德放下烟斗，两手交叉着放在脖子后面，转过头去看窗子。

（3）省略代词 it

第一，非人称代词 it 的省略。非人称代词 it 在句中作主语时实际上是个虚词，并不指代上下文中具体的事物，一般主要用于表示自然现象、时间、距离、环境及一般情况等。汉译时，常将这一非人称代词 it 省略。

第二，先行代词 it 的省略。先行代词 it 的主要作用是充当语法规则所要求的形式主语或形式宾语。它本身也是个虚词，没有具体的词汇意义，因此汉译时往往可以省略。

（二）出于逻辑上的考虑省译多余的词语

在英语句子中，往往会出现一些不言而喻的多余词，这些多余词从汉语逻辑角度看纯属多此一举，如果一字不漏地译成汉语，译文不仅会别扭，而且有悖事理。因此翻译时必须省译多余词。

① This treatment did not produce any harmful side effect.

译文：这种治病方法并没有产生任何副作用。

在临床治疗中，副作用当然是有害的，但如果译成"有害的副作用"，那就意味着有"好的副作用"，这在事理上是不通的。

② The present process of making steel from iron is only about 100 years old.

译文：目前的炼钢法只有约 100 年的历史。

从逻辑上看，不必译成"由铁炼钢的方法"，因为炼钢的原料只能是铁。因此，省译 from iron。

③ Domestic lighting circuits should be at least two in number.

译文：家用照明电路至少应该是两条。

"两条"表示数量概念，所以省译 in number。

④ The time-keeping devices of electronic watches are much more accurate than those of mechanical ones.

译文：电子表比机械表准确得多。

电子表本身就是用来计时的，所以 the time-keeping device 省译。

⑤ A jet plane rushes through the sky so fast that the noise its engine makes is left behind.

译文：喷气式飞机飞得很快，其引擎发出的声响被抛在后面。

省译 through the sky，因为飞机只能在天上飞。

（三）出于修辞上的考虑省译不必要的词语

1. 省译意义上重复的词

① It was not always fully optimized in earlier years.

译文：早先几年它不总是最佳的。

optimized 一词已含有 fully 的意思，所以省译 fully。

② The mechanical energy can be changed back into electrical energy by means of a generator or dynamo.

译文：机械能可利用发电机再转变成电能。

generator 和 dynamo 指同一概念，省译其一。

2. 省译修辞上不需要的词

① Copper is a material which has the property of elasticity.

译文：铜是一种具有弹性的材料。

省译 property，因为"弹性"已表明是"性质"，不必说"弹性性质"。

② To start a car moving, work must be done on it.

译文：要开动汽车，就必须对它做功。

不必译为"要开动汽车使它运动"。

3. 其他

为使译文简洁精练，在不影响原意表达的前提下，根据具体情况对原文的某些词句进行适当的删减或缩译。

① The first manned landing on the moon surface was achieved by American astronauts on July 20, 1969.

译文：1969 年 7 月 20 日，美国宇航员首次登上月球。

句中 manned、surface、was achieved 均省译。

② Nearly all electronic circuits require a direct voltage to operate them.

译文：几乎所有的电子线路都需要直流电压。

省译句末的"来使其工作"。

③ These developing countries cover vast territories, encompass a large population and abound in natural resources.

译文：这些发展中国家土地辽阔，人口众多，资源丰富。

④ When action in the evaporator has stopped, the salt solution is allowed to flow by gravity through a manifold to the reactors below.

译文：当蒸发器停止工作时，盐溶液靠重力作用经过集液管流向下面的反应器。

is allowed 略而不译，其语义移到内容中去了。

⑤ Philips Petroleum has developed a process that also takes advantage of the high polymerization rate associated with bulk polymerization.

译文：菲利普石油公司开发了高聚合速度的本体聚合工艺。

定语从句 that also takes advantage 和过去分词 associated with 虽未译出，但其语义已移到内容中去了。

⑥ With a part of the proceeds of his plan of piracy, he carried on a subtle system of corruption.

译文：他利用一部分不义之财，施行一套巧妙的行贿方法。

"不义之财"不仅没有丧失原意，反而使原文的中心思想更加突出、更加明确。若不省译，照直译成"利用他掠夺计划的一部分钱"，意思就有些混乱，而且文理欠通。

总之，由于两种语言表达方式上的差异，译文把原文每一个词都译出来反而显得累赘和多余，影响整体意思的表达。采用减少词语省译的方法删去原文中的一些次要的成分，能使译文简洁明了，行文流畅自然，从而更加突出原文的主要部分。

四、正反译与反正译

人们用语言叙述同一事物或表达同一思想时，可以从正面表达，也可以从反面表达，英语如此，汉语也同样。所谓正面和反面表达主要是指在英语里是否用 no、not 或者带有 de-、dis-、im-、in-、un-、-less 等词缀的词；在汉语里是否用"不""非""无""没（有）""未"和"否"等字。原则上说，英汉翻译时，英语的正面表达形式（肯定形式）应译成汉语的正面表达形式（肯定形式），英语的反面表达形式（否定形式）应译成汉语的反面表达形式（否定形式）。但实际上，在不少场合下都要将正面译成反面，反面译成正面，才能使译文符合汉语表达习惯，获得较好的修辞效果，更加确切地表达原文含义。正反译和反正译是英汉翻译过程中的基本技巧，这一技巧既可用在单词、词组、短语层面，也可用于句子层面。

（一）正反译

正反译是指原文中通过正面（肯定形式）表达的词或句子，译文以反面（否定形式）来表达。

1. 动词

① We arrived late at the theater, and missed the first act of the play.

译文：我们到剧场太晚，第一幕剧没看上。

② We will live up to what our Party expects of us.

译文：我们决不辜负党对我们的期望。

③ I have read your articles, I expect to meet an older man.

译文：我读过你的文章，没想到你这样年轻。

④ The scientist rejects authority as an ultimate basis for truth.

译文：科学家不承认权威是真理的最后依据。

⑤ How do you know if a certain image is targeted to young people until you see it?

译文：你不看一下怎么知道某一形象是否针对青年人？

⑥ He ignored his personal danger.

译文：他不顾个人安危。

2. 名词

① Ignorance of the law is no excuse.

译文：不懂法律不能作为免罪的口实。

② I hate the lack of privacy in the dormitory.

译文：我嫌在宿舍里没有独处的机会。

③ Because of the possibility of human error and total reliance on communications between pilots and controller the system will "fail-dangerous" rather than "fail-safe".

译文：由于人难免犯错误，以及飞行员与检测器之间的通信联系难免靠不住，因此，这一套办法与其说会"自动防止故障"，倒不如说会"自动造成危险"。

④ A dose of poison can do its work only once, but a bad book can go on poisoning people's minds for any length of time.

译文：一剂毒药只能害人一次，但一本书却能无限期毒害人的思想。

⑤ The three things I have just mentioned—neglect of studying the present situation, neglect of studying history and neglect of applying Marxism-Leninism—all points to an extreme bad style in work.

译文：上面我说了三个方面的情形，即不注重研究现状、不注重研究历史、不注重马克思列宁主义的应用，这些都是极坏的作风。

⑥ To think that the atomic bomb is already over head and about to fall on us in a matter of seconds is a calculation at variance with reality.

译文：认为原子弹已经在我们头上，几秒钟就要掉下来，这种形势估计是不合乎事实的。

⑦ In the absence of force, a body will either remain at rest or continue to move with constant speed in a straight line.

译文：如果没有外力作用，物体或者保持静止，或者继续做匀速直线运动。

⑧ There are comrades who feel pride, instead of shame, in their ignorance or scanty knowledge of our own history.

译文：有些同志对自己的历史一点不懂，或者懂得很少，不以为耻，反以为荣。

⑨ They feel great anxiety about his sickness.

译文：他们对他的病情感到焦虑不安。

⑩ Within minutes the men came racing in with the two jeeps. They were all excited, so now I had to put on the calm act to prevent my worry from spreading.

译文：几分钟后，那些人乘着吉普车回来了。他们都很激动，所以这时我得故作镇静以免我的不安心情影响他们。

3. 形容词和形容词短语

① Our ideas on the subject are still fluid.

译文：我们对这个问题的看法仍然不确定。

② What his plans are I am quite ignorant of.

译文：我一点也不知道他的计划是什么。

③ He is absent from London.

译文：他不在伦敦。

④ Knowledge of this fundamental hormonal interaction is meager at present and will remain so until accurate methods are devised.

译文：激素相互作用的基本知识现在了解得很不够，除非方法上有所改进，否则这种情况不易改变。

⑤ She has an incisive manner of speaking, happily free from umms and ers.

译文：她说话干脆果断，完全没有哼哼哈哈的腔调。

⑥ Her husband hates to see her stony face.

译文：她丈夫不愿见到她那张毫无表情的脸。

⑦ Data on children are scanty.

译文：有关儿童的资料很不足。

⑧ Ideal machines which would have an efficiency of 100% should be free of friction.

译文：效率为 100% 的理想机器必须没有摩擦。

⑨ It is alien to my thoughts.

译文：这同我的想法格格不入。

⑩ It would be most disastrous if even a rumor of it were given out.

译文：甚至只要有一点点风声漏出去，结果就不堪设想。

4. 副词

① Time is what we want most, but what, alas, many use it worst.

译文：时间是我们最缺少的，但可叹之至，偏偏许多人最不善于利用。

② We may safely say so.

译文：我们这样说万无一失。

③ The subversion attempts proved predictably futile.

译文：不出所料，颠覆活动证明毫无效果。

④ He said idly, "Well, what does it matter ?"

译文：他漫不经心地说："哼，这有什么关系？"

⑤ They resumed their seats moodily.

译文：他们不愉快地又坐了下来。

⑥ The world will be long forgetting their evil deeds.

译文：世人不会很快就忘掉他们的罪行。

⑦ Little does he care whether we live or die.

译文：他根本不在乎我们死活。

⑧ You evidently think otherwise.

译文：你显然有不同的想法。

⑨ He teaches ill who teaches all.

译文：滥教者，教不好。

⑩ He stood still, trying vainly to answer my question.

译文：他木然呆立，回答不出我的问题。

⑪ The invalid has tasted scarcely anything since last Monday.

译文：那个病人自从星期一以来，几乎没有吃任何东西。

⑫ It should be emphasized that many of these factors are very poorly understood.

译文：应该着重指出的是，人们对许多因素还很不了解。

⑬ He is too simple minded to do such delicate work.

译文：他的头脑太简单了，不能做这样细致的工作。

⑭ And soon it would be too late for getting money anywhere.

译文：过不了多久，哪都赚不到钱了。

5. 介词和介词短语

① To be vain of one's rank or place is to show that one is below it.

译文：凡因自己的地位而觉得了不起的人，就表明他不配有这样的地位。

② It was beyond his power to sign such a contract.

译文：他无权签订这种合同。

③ When Philip missed the last bus, he was at a loss to know what to do.

译文：菲利普误了末班公共汽车，茫然不知所措。

④ The criminal is still at large.

译文：罪犯还未捉拿归案。

⑤ The project is a yet all in the air.

译文：这计划尚未落实。

⑥ I am in the dark about the matter.

译文：这件事我一点不知道。

⑦ We tried in vain to measure the voltage.

译文：我们原想测量电压，但没测成。

⑧ It is out of the question for anyone to build a castle in the air.

译文：任何人想建立空中楼阁都是不可能的。

⑨ His accusations are beneath contempt.

译文：他的指控不值得一提。

⑩ This book is beyond me.

译文：这本书我看不懂。

⑪ Instead of isolating China, they only succeeded in isolating themselves.

译文：他们不但没有孤立中国，反而孤立了他们自己。

6.but 在一定上下文中有否定含义

① Famous as the actress may be, her manners are anything but gracious.

译文：那女演员虽很有名，但举止欠佳。

② It was anything but clear what the political democracy would be like.

译文：政治民主是什么样子，这一点也不清楚。

③ It will go hard but that I will get there.

译文：除非我到那里去，不然事情就会变得更难办。

④ But my noble Moor is true of mind ... it were enough to put him to ill thinking.

译文：除非我那显贵的摩尔人头脑中认为不是真的……否则足可以使他思虑成疾。

7. 连词 than 在一定上下文中有否定含义

连词 than 在一定的上下文中有否定含义，主要体现在以下的短语和句型中。

第一，短语 rather than 和 other than 相当于 not，译成中文"而不"或"不"。

① A gentleman is, rather than does.

译文：绅士是天生的，而不是人为的。

② He had chosen divorce, rather than taking advantage of a young servant.

译文：他选择了离婚，而不是玩弄一个年轻的女仆。

第二，在 had (would) rather (sooner) ... than 结构中，否定 than 之后的动词短语，可译成"是……而不是""宁愿……而不愿"。

① The underground worker had rather die than give up.

译文：那位地下工作者宁死不屈。

② He would sooner resign than take part in such dishonest deals.

译文：他宁肯辞职也不愿参加这种不正当的勾当。

8. 英语肯定的比较级可译为否定的汉语句子

① He knew better than to attempt to hew rocks with a razor.

译文：他知道刀片不能劈石头。

better than 的原意是"好于"某种行为，暗示某种行为是不好的，不该去做的。better than 是修辞上的婉转用法，用以代替直言不讳的否定句子。

② She certainly knows better than to tackle such problems by herself.

译文：她很明白不能独自去解决这类问题。

③ Some of the items are good, others might be better.

译文：有些节目好，有些就不那么精彩。

④ She was as cheerful as a wet Sunday afternoon in Manchester.

译文：她像是在曼彻斯特阴雨的星期天下午一样不快活。

利用 as ... as 将两个相反的东西作比较，衬托出否定之意。

9. 连词 if 和 as if 引导的从句有否定的含义

第一，if 从句与包含诅咒词语的主句连用，强调 if 从句的否定含义，可译成否定的汉语句子。

① Burn me if this is true.

译文：这绝对不是真的。

② Strike me if I know.

译文：我真是不知道。

③ I am hanged if I agree with him.

译文：我绝不会同意他的意见。

④ The devil take me if I knew anything about the matter.

译文：对此事我若略知一点，就该天诛地灭。

第二，有时诅咒词语省略了，只剩下一个 if 从句，意思不变。

① If I ever heard the like.

译文：我从来没有听到过这样的事。

② If this is human life.

译文：这真不是人过的日子。

第三，if 引导肯定的从句，主句是 everybody is（has 或 does），形式上是肯定句，实际上含有强烈的否定意义，这类句子可以直译。

① If she is good at English, everybody is.

译文：如果说她的英语好，那可以说任何人的英语都好。

② If he has a good voice, everybody has.

译文：如果他算得上嗓子好，那每个人都有金嗓子。

③ If he swims well, everybody does.

译文：如果说他会游泳，那每个人都是游泳能手。

第四，用 as if 引导的肯定形式，表示强烈的否定情绪，可译成否定的汉语句子。

① As if I cared.（=I don't care.）

译文：我无所谓。

② As if he would ever go.（=He will never go.）

译文：他绝不会去。

10. 动词不定式用在 yet 之后有否定意义

① In all my travels I had yet to see a place as beautiful as the West Lake.

译文：我所到之处还未见过像西湖这样美的地方。

② The best is yet to come.

译文：最好的还未到来。

③ The mechanism by which parathyroid hormone exerts its effect upon bone and kidney cells have yet to be completely worked out.

译文：甲状腺激素影响肾脏和骨细胞的机制迄今尚未查明。

（二）反正译

顾名思义，反正译是指原文中某些通过反面（否定形式）表达的词语或句子，译文以正面（肯定形式）表达。

1. 动词

① She unlocked the door and turned the handle to open it.

译文：她打开门锁，旋动把手将门打开。

② We strongly disapprove of the company's new policy.

译文：我们强烈反对公司的新政策。

③ "Don't unstring your shoes, Roody." she said.

译文：她说："把鞋带系上，罗迪。"

④ The doubt was still unsolved after his repeated explanation.

译文：虽经他一再解释，疑团仍然存在。

⑤ I rode around with him one day seeing how the ships unloaded.

译文：一天我和他乘车转了转，看看船如何卸货。

⑥ Don't unstring your shoes.

译文：把鞋带系上。

2. 名词

① The house was in a state of disorder because of the young children.

译文：由于有小孩，家里乱七八糟。

② He was awaiting the outcome with impatience.

译文：他焦急地等待着结果。

③ It was said that someone has sown discord among them.

译文：据说有人在他们中间挑拨离间。

④ He manifested a strong dislike for his father's business.

译文：他对父亲的行业表现出强烈的厌恶情绪。

⑤ Generally she accepted the family life in all its crowded inadequacy.

译文：在通常的情况下，她还是能够忍受她那拥挤贫穷/寒碜的家庭生活的。

3. 形容词

① He failed his examination because his work was careless and full of mistakes.

译文：他考试不及格，因为他的答题粗枝大叶、错误百出。

② He was an indecisive sort of person and always capricious.

译文：他这个人优柔寡断，而且总是反复无常。

③ All the articles are untouchable in the museum.

译文：博物馆内一切展品禁止触摸。

④ The whole opium pipe was no longer than eighteen inches.

译文：整个烟枪的长度仅有十八英寸。

⑤ It was an unusual unit, set off by itself, flying an easily identifiable aircraft.

译文：这是一支异乎寻常的部队，显得与众不同，乘的是容易辨认的飞机。

4. 副词

① I suppose I was indirectly responsible for the whole thing.

译文：我想我对整件事情负有间接责任。

② She shook her head hopelessly.

译文：她绝望地摇了摇头。

③ Not the least interesting feature of this supplement is the illustrations.

译文：这期增刊最有趣的特色是它有图解。

④ He carelessly glanced through the note and got away.

译文：他马马虎虎地看了看那张便条就走了。

⑤ Many agreed that the manager had in effect resigned dishonorably.

译文：许多人认为经理辞职实际上是很丢面子的。

5. 介词

① He returned home with no hope on his face.

译文：他满脸灰心绝望地回到了家。

② The train coming from Moscow will arrive in no time.

译文：来自莫斯科的列车将很快到达。

③ Students, with no exception, are to hand in their papers this afternoon.

译文：今天下午学生统统要交书面作业。

6. 双重否定

① You cannot make an omelette without breaking eggs.

译文：有失才有得。

② They never meet without quarrelling.

译文：他们每次见面总要吵架。

③ Nothing can live without water.

译文：有了水万物才能生存。

④ There is no fire without smoke.

译文：有火必有烟。

⑤ There is no rule that has no exceptions.

译文：任何规则都有例外。

⑥ Not without an ulterior motive did he make that remark.

译文：他说这话别有用心。

⑦ It is no rare occurrence that young people turn a deaf ear to their parents.

译文：青年人对父母之言置若罔闻，这已经是司空见惯的了。

⑧ His house is not seldom filled with water in a very rainy season.

译文：每逢雨季，他家经常满屋是水。

⑨ Perhaps you are not ignorant of the fact that science and technology have no class nature.

译文：或许你懂得科学技术是没有阶级性的这个事实。

7. 多余否定

英语句子中有一种形式上是否定的句子，其中的某个谓语动词，按照全句的意思来讲，应该用肯定形式，可是英语里常常在这一类句子里用 not 或 no 来否定谓语动词或相应的名词，实际上这种否定成分存在与否，都不影响句子的意义。这种不必要的否定，在英语语法里叫作"多余否定"。汉语中也有类似的现象，如"好不＋形容词"这种特殊结构就是，像"好不快乐""好不高兴""好不热闹"等词组中的"不"字就属于"多余否定"。

① I am going back over every foot of the way we came to see if I cannot find it.

译文：我打算依照我们来时的原路逐步走回去，看看我是否能够找到它。

② Let me know if this story is not interesting.

译文：告诉我这个故事是否有趣。

③ Here is my composition. Please look at it over to see if I haven't made any silly mistakes.

译文：这是我的一篇作文，请你审阅一下，看看我是否写了一些不应该出现的错误。

④ I went to the city to see if my uncle could not help me out of the difficulty.

译文：我到城里去了解一下我的叔叔是否能帮助我摆脱这个困难。

⑤ There was no knowing at what moment he might not put in an appearance, and wherever he did show, it was to storm about something.

译文：他在什么时候出现，是无法知道的；但是无论何时他一出来总有事情使他大发雷霆。

⑥ What dirty means would the landlord not resort to!

译文：什么卑鄙的手段那个地主都会使用出来！

⑦ If the walls of that room could speak, what an amount of blundering and capricious cruelty would they not bear witness to!

译文：如果这个房间的墙壁会说话，它们会为多少错误行为和肆意妄为的、残暴行为开口作证呀！

8. 各种特定的词语搭配

（1）"can + not/never/ + too/over..."结构（……总不嫌过分；越……越好）

① You cannot be too careful when you drive a car.

译文：开车时越小心越好。

② No man can have too much knowledge and practice.

译文：知识和实践越多越好。

③ The importance of curbing inflation cannot be overemphasized.

译文：应特别强调遏制通货膨胀的重要性。

④ A book may be compared to your neighbor; if it be good, it cannot last too long; if bad, you cannot get rid of it too early.

译文：一本书好比你的邻居，如果是本好书，相伴得越久越好。如果是本坏书，越早摆脱它越好。

（2）"no/not/nothing + more/less + than ..."结构及其变形

① There were no less than sixty wounded.

译文：受伤人数多达六十人。

② That's nothing less than a miracle.

译文：那完全是奇迹。

③ No more than five persons came to the party.

译文：只有五个人来参加晚会。

④ It is no more than a beginning.

译文：这仅仅是个开端。

⑤ It was no other than my mother.

译文：这正是我母亲。

⑥ What he did was nothing else than a practical joke.

译文：他干的事简直是恶作剧。

⑦ I could not have agreed more.

译文：我完完全全同意。

⑧ Nothing agrees with me more than oysters.

译文：我最喜欢吃牡蛎。

9. 并立否定

英语复合句中可能出现一种特殊的否定形式，即主句的谓语是 deny、doubt、forbid 等表示否定意义的动词，其后面的宾语从句又用一个否定词，而这个否定词是多余可省的，本身只是一个无意义的符号，从句是肯定意义，若按字面翻译，就会曲解整个句子的意义，译出来的汉语与英语原意背道而驰，这种特殊的否定形式就叫并立否定。例如：

① He denied that he had no intention of hurting your feelings.

译文：他否认他是存心要伤害你的感情的。

② You may deny that you were not the means of my Lord Hastings late imprisonment.

译文：你或许会否认最近赫斯勋爵是因你而入狱的。

③ It never occurred to me to doubt that your work would not advance our common object in the highest degree.

译文：我从来没有怀疑你的工作会大大推进我们的共同目标。

📖 思考与练习

一、思考题

1. 英语词汇和汉语词汇有哪些差异？

2. 英译汉时应如何选择词义？

3. 词汇翻译方法有哪些？

二、练习题

1. The universities also took little interest in modern or scientific studies; and they were closed to those who did not conform to the Church of England.

2. He is not well today, but he still comes to class.

3. Better be wise by the defeat of others than by your own.（增加名词）

4. It was revealed that yield peaked when the crop was harvested about one week before what is normally considered to be optimum ripeness and decreased slightly for two-week post-optimum harvest and appreciably for three-and four-week's post-optimum harvest.（增加名词）

第三章　句子翻译

　　翻译是人类历史上悠久的文化交流活动。在世界趋于经济一体化的今天，追求多元的精神与文化价值已成为一种必然。无论在人类的物质生活，还是在人类的精神活动中，翻译的作用越来越重要。本章内容为句子翻译，分别论述了英汉句法对比、比较句的理解与翻译、状语从句的理解与翻译、名词从句的理解与翻译、习语的理解与翻译五方面的内容。

第一节　英汉句法对比

一、英汉句子结构对比

　　英语和汉语属于不同的语系（前者属印欧语系，后者属汉藏语系），因而句子结构存在很大的差异。

（一）主谓关系

　　英语句子采用语法结构，其内容是施事行为式的，可以看作主—谓—宾三分结构。英语句子的主语是语法主语，句子的谓语是行为，主语要与谓语在人称和数方面保持一致。英语的主语种类是有限的。英语的主语按语义可以划分为四种：施事主语、受事主语、形式主语、主题主语。英语的主语大多数是无定的，也就是非限定性的，往往只是占据一个位置使句子完整。为了完成英语句子的主谓一致关系，一般遵循以下三个原则。

　　第一，语法一致原则，即根据自身的语法形式（人称形式和数形式）来决定谓语动词的人称形式和数形式。例如：

　　① I am/You are/He is/She is a Chinese citizen.

　　译文：我是 / 你是 / 他是 / 她是中国公民。

　　② We are/You are/They are Chinese citizens.

　　译文：我们是 / 你们是 / 他们是中国公民。

第二，概念一致原则，即根据自身的数量概念来决定谓语动词的数形式。例如：

① The beautiful exists in comparison with the ugly.（单数概念、单数动词）

译文：美是与丑相比而存在的。

② Women are the fundamental driving force for social progress.（复数概念、复数动词）

译文：妇女是社会进步的根本动力。

第三，相邻一致原则，即根据与谓语动词相邻的代词 / 名词的形式 / 概念决定谓语动词的形式。究其实质，相邻一致原则实际上是语法一致原则和概念一致原则的特殊运用。例如：

① Either you or he is in the wrong.

译文：不是你错了就是他错了。

② Neither the mayor nor the police know how to help.

译文：市长和警察都不知道如何提供帮助。

汉语句子采用语义结构，其内容基本上是话题评论式的，可以看成话题和说明二分结构。它先提出一个话题，接着是评论或解说。话题是语义的，和后面的评论不存在一致关系。话题是说话人想要说明的对象，是句子的主体，是全句起主导作用的成分，总是放在句子的开头处。评论部分是述说话题的成分，位于话题之后，对话题进行说明、解释。汉语话题的种类是无限的，任何词、词组和句子都可以是话题。汉语的话题是有限定的，是谈话双方都知道的，是说明的中心。例如：

①北京是座古城。（北京是话题，古城是说明）

译文：Beijing is an ancient city.

②场面令人难忘。（场面是话题，令人难忘是说明）

译文：The scene was unforgettable.

③开汽车没有方向盘不行。（开汽车是话题，没有方向盘不行是对话题的说明）

译文：You can't drive a car without a steering wheel.

（二）成分省略

英语句子中的主谓结构必须齐全，缺了主语或谓语就是病句。主语不可省略，主要原因在于其对谓语动词的人称形式和数形式起决定作用。当主语因修辞原因而移位时，在谓语动词的前面甚至要使用形式主语来补足空位。例如：

① It is never too late to learn.

译文：活到老，学到老。

但是，在祈使句及口语、私人信件、便条、日记等非正式文体中，如果主语非常清楚，也可以省略，谓语动词仍与之保持一致关系。例如：

② Haven't the slightest idea.

译文：我一点也不知道。

汉语的话题和后面的评论不存在一致关系，主语的句法地位并不十分重要，因而省略的情况远比英语普遍。汉语造句重简洁，能省的决不重复。当然，汉语句子的省略也并非随心所欲，须以不影响语义表达为前提。一般来说，主语只有在以下两种情况中才能省略：一是不很确定，没有实际的信息价值；二是众所周知，无须提及。例如：

③（我）看一眼路旁的绿叶，再看一眼海，真的。（我）这才明白了什么叫作"春深似海"。

译文：Take a glance at the green leaves by the roadside, then take a look at the sea, really. Only then did I understand what it means to be "spring deep like the sea".

④（他）走就走吧，随他的便。

译文：He can leave as he pleases.

（三）倒装

由上述可知，英语句子主谓之间的一致性就是通过谓语动词的语法形式体现出来的，谓语动词的语法形式是一条标记主谓一致性关系的鲜明纽带，只要找到这条纽带，就可以确定主语的位置。这种句法特点为英语句子中一定范围的主谓倒装创造了条件，因此英语句子主谓间的句法性倒装和修辞性倒装非常普遍。例如：

① There comes the bus.（句法性倒装）

译文：公共汽车来了。

② Is the man still alive?（句法性倒装）

译文：那人还活着吗？

③ Up goes the curtain and in comes a small lady.（修辞性倒装）

译文：窗帘拉开了，进来了一位矮小的女士。

④ Their cat understands more words than does a dog.（修辞性倒装）

译文：他们的猫比狗能听懂更多的单词。

汉语句子的话题和评论之间不存在一致性关系，因此没有这种鲜明的标记。当主语和谓语动词错位，两者之间的句法关系就可能被破坏，这就使得汉语句子的主谓倒装受到制约，汉语中的倒装现象远不及英语普遍。少量的倒装现象仅见于表存现的句法倒装句和表强调的修辞倒装句，以及诗词中受韵律限制引起的倒装。例如：

⑤从树后走出一只熊来。（表存现的句法倒装）

译文：A bear came out from behind the tree.

⑥真伟大啊，中国人民！（表强调的修辞倒装）

译文：How great, the Chinese people!

（四）扩展机制

所谓的扩展机制是指随着思维的改变，句子基本结构也呈现线性延伸，因此又可以称为"扩展延伸"。

1. 扩展机制的差异

如果从线性延伸的角度考虑，英汉采用不同的延伸方式，英语采用顺线性扩展延伸机制，而汉语采用逆线性扩展延伸机制。

顺线性扩展延伸是从左到右的扩展，即 LR（L 代表 left，R 代表 right）扩展机制。英语句子的延伸，其句尾是开放性的。例如：

① Steven has a dog.

② Steven has a dog which looks like the cat.

③ Steven has a dog which looks like the cat that stayed on the tree.

逆线性扩展延伸，是从右到左的扩展，即 RL 扩展。汉语句子的延伸，其句首是开放的，句尾是收缩的。例如：

以上三句话用汉语语序表达为：

④斯蒂文有一条狗。

⑤斯蒂文有一条长得像猫的狗。

⑥斯蒂文有一条长得像待在那棵树上的猫的狗。

2. 扩展机制的结果

英汉句子扩展机制的差异还体现在末端分量的差异上。英语句子向右扩展，使得词、短语、从句都可以置于被修饰语之后，因此英语句子左短右长，句末的分量较重。例如：

① Inscribed on the wall are the names of those who left their homes in the village to travel to the United States.

译文：那些离开村子里的家、去美国旅行的人们的名字被刻在了墙上。

当主语属于较长的动名词、名词性从句、不定式等成分时，一般将这些长句的主语位于句子后半部分，主语用 it 来替换。例如：

② It is very easy for me to pass the wooden bridge.

译文：对于我来说，通过那个独木桥是非常容易的。

汉语句子向左扩展，通常将修饰语放在名词前面，看起来头重脚轻。例如：

③任何看上去是中国的东西都可作为好礼物送给外国朋友。

译文：Anything that is recognizably Chinese will make good gifts to our foreign friends.

二、英汉句子组织手段对比

形合和意合是语言的两种基本组织手段。形合就是依靠形式（包括词的变化形态、词汇的衔接等）将个体的词组织成句子或语篇；意合则是依靠意义，即内在的逻辑关系，将个体的词组织成句子或语篇。

英语是综合—分析型语言，尽管它有相对固定的语序，并且还可以利用许多虚词来表达一定的语法关系，但它仍然受到语法形式的束缚，仍需运用形态变化来表达某些语法意义和语法关系。英语注重形合，因此，英语中有丰富的连接手段，如关系词、连接词、介词以及形态变化。关系词包括关系代词、关系副词、连接代词和连接副词，用来引导定语从句和名词性从句。连接词包括并列连词和从属连词，可连接并列分句或引导状语从句。例如：

① If I had known it would come to this, I would have acted differently.

译文：早知今日，何必当初。

本例为连接词 if 引导的虚拟条件句，表示与过去事实相反，这是一个典型的重形合的英语句子，形合是明示。本例翻译成汉语后就省略了连接词，可见汉语重意合，意合是隐含。

汉语是典型的分析型语言，它主要通过固定的语序来表达语法关系，通过大量的虚词来表达语法意义。除人称代词等极少数语言项目以外，它没有严格意义上的语法形态变化，更没有形态之间的照应关系。汉语注重意合，而汉语的意合通常通过语序、修辞格、紧缩和四字格等手段实现。

②不听老人言，吃亏在眼前。

译文：If you wish good advice, consult an old man.

本例原文的含义"不听老人言，吃亏在眼前"，省略了连接词"如果"，而将假设关系隐含在句中。译成英语时用连词 if 就把假设关系展现出来了，从这一例句也可以看出英语重形合而汉语重意合的句子特点。

三、英汉句子语序对比

英语习惯将重要信息放在句首的位置，这就是所谓的"凸显顺序"，表现为一般重心在前。汉语一般按照事件的自然顺序来安排句子的信息，所以汉语以自然时序为主，表现为重心在后。

有这样一个传说，清朝的湘军头领曾国藩围剿太平军的时候，接连失败，甚至有一次差点丢了性命。于是，他向朝廷报告战事时说"屡战屡败"，翻译成英语即"He was repeatedly defeated though he fought over and over again."。但是他的军师看到了这一点，立即将其改为"屡败屡战"，即"He fought over and over again though he was repeatedly defeated."。

从字面看，这两句话中用了同样的词，只是更改了语序，但是含义却大相径庭。"屡战屡败"说明曾国藩一直失败，丧失信心，只能如实向朝廷奏报，甘愿领罚；而"屡败屡战"则说明曾国藩是一个效忠朝廷、忠肝义胆的汉子，虽然遭受了多次失败，但是仍不气馁，应该受到朝廷的褒奖。显然，从汉语层面来说，前一句的重心在于"败"，后一句的中心在于"战"。而且，正是由于军师的巧妙更改，不仅保全了曾国藩的面子，也救了他的命。因此，在翻译成英语时，也需要注意重心的问题，即"屡战屡败"的重心在于 he was defeated，而"屡败屡战"的重心在于 he fought。这个例子说明了英汉语言重心位置的不同。具体来说，英汉句子重心的差异主要体现在如下三点。

（一）原因和结果

在英语句子中，人们往往将结果视作句子的主要信息、主要部分，因此置于句首，然后再对原因进行分述，是一种前重后轻的思维方式。相比之下，在汉语句子中恰好相反，人们往往先陈述具体的原因，结尾部分才陈述结果，是一种前轻后重的思维方式。如同中国的戏剧，总是用最精彩的部分压轴，似乎在中国人看来，如果开头就说出或演出精彩的部分，那么就会锋芒毕露，压不住阵脚。

① We work ourselves into ecstasy over the two superpowers treaty limiting the number of anti-ballistic missile systems that they may retain and their agreement on limitations on strategic offensive weapons.

译文：两个超级大国签署了限制它们可保留的反弹道导弹系统的数目的条约，并达成了限制进攻性战略武器的协议，因此我们感到欣喜若狂。

显然，原句中的"We work ourselves into ecstasy"是整个句子的结果，原因是"the two superpowers..."。从结构上，英语原文将结果置于句首，然后陈述原因。而看汉语译文，

将"我们感到欣喜若狂"这一结果置于最后,而前面是对原因的陈述。再如:

②生活中既有悲剧,文学作品就可以写悲剧。

译文: Tragedies can be written in literature since there is tragedy in life.

显然从汉语原句分析,前半句为因,后半句为果,我们不能将两个半句对调过来。而英语句子中要想将两个半句连接起来,必须借助于连词,因此 since 的出现就是满足了这一效果,即将结果置于前端,然后用 since 引出原因。

（二）分析与结论

英语中常见复合句,在这些复合句中,往往将结论置于前面,分析置于后面,即先开门见山,陈述实质性的东西,然后逐条进行分析。在汉语中则并非如此,往往先逐条分析,摆出事实依据,然后得出最终的结果,给人以"一锤定音"之感。例如:

① The solution to the problem of Southern Africa cannot remain forever hostage of the political maneuvers and tactical delays by South Africa nor to its transparent proposals aimed at procrastination and the postponement of the solution.

译文 1:南部非洲问题的解决不能永远成为南非耍政治花招和策略上采取拖延手段的抵押品,也不能永远成为提出明显是在拖延问题解决的抵押品。

译文 2:不管是南非耍政治花招与策略上采取拖延手段,还是提出明显是在拖延问题解决的建议,都不能永远地阻止南部非洲问题的解决。

②揭穿这种老八股、老教条的丑态,展示给人们看,号召人们反对老八股、老教条,这是"五四"运动时期的一个伟大功绩。

译文 1: Its public exposure of ugliness of old stereotype and the old dogma and its call to the people to rise against them were a tremendous achievement of the May 4th Movement.

译文 2: A tremendous achievement of the May 4th Movement was its public exposure of the ugliness of old stereotype and the old dogma and its call to the people to rise against them.

英语属于形合连接,因此在短语、句子中都会有连词来进行连接,句中存在明显的主从关系,也可以从一般句子结构中看出修饰关系。例①属于一个长句,其中"The solution to...forever hostage"属于整个句子的主要成分,之后用介词 to 引出两个次要成分,对上面的主要成分进行解释,这样保证了整个结构的清晰。但是,如果按照英语句子模式翻译汉语,就会让目的语读者读起来拗口。显然译文 1 读起来就让人费解。原文的意思是,采取政治花招也好,采取拖延手段也好,都不能阻挡解决南部非洲问题。"The solution to...forever hostage"表明了一种决心、一种愿景,因此汉语应该采用倒译法,译文 2 就是比较好的翻译。

另外，汉语属于意合连接，因此在短语、句子中往往可以不出现连接词。汉语中非常复杂的复句并不多见，往往以单句的形式呈现，句子间的关系通过逻辑可以判定。例如，在例②中，"揭穿这种老八股、老教条的丑态，展示给人们看"与"号召人们反对老八股、老教条"是两个并列成分，中间并没有采用连接词来连接，其意思与最后半句"一个伟大功绩"这一独立分句的意思等同。这在汉语中属于一种常见现象，先摆出具体的论据，最后得出结论。但是，如果这样翻译成英语就很难让读者理解了，译文 1 就显得头重脚轻，这在英语中是要避讳的。相比之下，译文 2 就显得更符合英语的语言习惯，是比较好的译文。

（三）前提与假设

在英语复合句中，假设置于前提之前，作为主句出现；但是相比之下，汉语复合句中，一般前提置于假设之前。例如：

① The United States could be effective in both the tasks outlined by the President—that is, of ending hostilities as well as of making a contribution to a permanent peace in the Middle East—if we conducted ourselves so that we could remain in permanent contact with all of these elements in the equation.

译文：如果我们采取行动，便于能够继续与中东问题各方保持接触，那么我们美国就能有效地承担起总统提出的两项任务，即在中东结束敌对行动与为这一地区的永久和平做出贡献。

②小国人民敢于起来斗争，敢于拿起武器，掌握自己国家的命运，就一定能够战胜大国侵略。

译文：The people of a small country can certainly defeat aggression by a big country, if only they dare to rise in struggle, dare to take up arms and grasp in their own hands the destiny of their own country.

在表达假设上，英语句子往往比较灵活，但是重心是不会发生改变的，始终置于主句之上。在例①中 "The United States could be effective in both the tasks" 是一个假设，充当了整个句子的主句，因此处于重心的地位，后面的是对这一假设的解析，属于条件句。因此，英语句子是前重心句。相比之下，在表达假设上，汉语句子的语序往往比较固定，如：例①中按照汉语句子的特点，译文先将条件列出来，再摆出假设条件；例②按照英文句子的特点，译文先将假设列出来，然后对前提条件进行列举。

第二节　比较句的理解与翻译

有比较才有鉴别。比较是人们认识客观事物的重要途径。每种语言都有很多表示比较的形式，掌握这些形式会有助于我们正确地理解原文并将其准确地译成汉语。

一般说来，英语比较的概念主要是通过形容词和副词的比较级和最高级形式来表达的，其表达形式也多种多样，本节仅就些基本句型的理解与翻译进行讲解。

一、比较句的种类

英语比较句按其结构和意义可分为同等比较、差等比较、终极比较和递进比较四大类型。

（一）同等比较句

顾名思义，同等比较句是将相等或相似的人或事物进行比较。这种比较句是以"as...as"为基本标志的。例如：

① This novel is about as interesting as that one.

译文：这本小说同那本小说差不多一样有趣。

② I drove as carefully as he did.

译文：我那时开车与他开车一样小心谨慎。

③ He doesn't speak English as fluently as his brother.

译文：他的英语不如他兄弟说得流利。

④ There are as many students in Class One as in Class Two.

译文：一班的学生人数同二班一样多。

⑤ We have not as/so much snow this year as last year.

译文：今年我们这儿下的雪不如去年多。

⑥ I don't want to attend as dull a lecture as this.（=I don't want to attend a lecture as dull as this.）

译文：我不要听如此乏味的课。

以上各句型均属于同一属性的两个人或两件事物进行比较，我们通常将其译作"同……一样""和……差不多"等。

如果同一个人或事物就两个不同方面进行比较，其含义就大不相同了。例如：

① She is as bright as she is witty.

译文：她不仅风趣而且聪明。

② This book is not as interesting as it is instructive.

译文：这本书有教育意义，但没有趣味。

（二）差等比较句

差等比较句用于表示两个人或两件事物在某一方面的差异。一般说来，差等比较包括优等比较和劣等比较两个方面。优等比较句以 more than 为基本标志，而劣等比较句以 less than 为基本标志。例如：

① Tom is much stronger than he looks.

译文：汤姆比他看起来强壮得多。

② Her elder sister makes more money in a week than she does in a fortnight.

译文：她姐姐每周挣的钱比她两星期挣的钱还多。

③ Peter is a more efficient worker than Mike. (=Peter is a worker more efficient than Mike.)

译文：彼得的工作效率比迈克高。

④ Tom is much weaker than he looks.

译文：汤姆比他看起来弱得多。

⑤ She makes less money in a fortnight than her elder sister does in a week.

译文：她两周挣的钱不如她姐姐一周挣的钱多。

⑥ Mike is a less efficient worker than Peter. (=Mike is a worker less efficient than Peter.)

译文：迈克的工作效率比彼得低。

上述例句均属于两个人或两件事物在某一方面进行差异比较，通常译作"优于""超过"或"劣于""不如"等。

如果是同一个人或事物就两个不同方面进行比较，其含义也截然不同，常译作"与其……不如……"。例如：

① He is more quick-witted than hardworking.

译文：与其说他积极肯干，不如说他头脑灵活。

② This is more a political than an economic crisis.

译文：这与其说是经济危机，不如说是政治危机。

③ He is less quick-witted than hardworking.

译文：与其说他头脑灵活，不如说他积极肯干。

④ This is less a political than an economic crisis.

译文：这与其说是政治危机，不如说是经济危机。

⑤ He is less hardworking than quick-witted.

译文：与其说他积极肯干，不如说他头脑灵活。

⑥ This is less an economic than a political crisis.

译文：这与其说是经济危机，不如说是政治危机。

在上述六个例句中，③④句的译文与①②的译文相反；而⑤⑥句的译文与①②句的译文相同。这是因为①②例句的否定重点为 than 之后的部分；而③④⑤⑥例句的否定重点为 than 之前的部分。

（三）终极比较句

终极比较句是指对三个或三个以上的人或事物的某一方面进行比较的句子，它表示某人、某事、某物在某一特定范围内是最突出的或某一动作在一定情况下程度是最高的。这种比较句通常用形容词或副词的最高级形式来表示，其句型的基本标志是"the most…"，常译作"最……"。例如：

① This is the most interesting film I've ever seen.

译文：这是我所看过的电影中最有趣的。

② Of all the girls in my class, Susan studies the hardest.

译文：在我们班所有的女孩子中苏珊学习最努力。

③ Henry made the fewest mistakes in his composition in his class.

译文：亨利的作文是班上出错最少的。

④ The loss of water and soil was most serious in this area.

译文：这个地区的水土流失情况最严重。

⑤ Please send us the instructions at your earliest convenience.

译文：请在方便时尽早把说明书寄来。

⑥ Among all the employees in the firm, Mike works the least efficiently.

译文：在该企业的所有雇员中，迈克工作效率最低。

（四）递进比较句

递进比较句常见的形式有两种：一种是"the more...the more"，用以表示同时增加，常译作"越……越……"；另一种是"more and more"，用于表示渐进增加或不断增加，常译作"越来越……"。例如：

① The more money you make, the more you spend.

译文：你赚钱越多，花费就越大。

② The earlier you start, the earlier you arrive.

译文：早动身，早到达。

③ The less one worries, the better one lives.

译文：烦恼越少，过得越好。

④ My health is getting better and better.

译文：我的健康状况越来越好。

⑤ The problem is becoming more and more complicated.

译文：这个问题变得越来越复杂。

⑥ Household electric appliances are getting cheaper and cheaper.

译文：家用电器越来越便宜。

二、有特殊含义的比较结构

一些比较结构除了表示某种比较意义外，还有别的含义，甚至有几种别的含义，这就要求我们在理解与翻译的过程中根据比较结构的特点，根据上下文来断定其真实意义。下面仅列出几种常见的情况。

（一）more than

"more than+ 数词"表示"多于""超过"等比较意义。除此之外，more than 还有以下用法及含义：

1. more than+noun/verb

在"more than+ 名词或动词"的结构中，more than 相当于 not only，常译作"不只""不仅仅""远远"等。

① We are more than an acquaintance.

译文：我们不止认识。

② This project has become more than just another television program to me.

译文：对我来说这个项目已经不仅仅是一个电视节目了。

③ The quality of the letter I write to you will more than make up for the delay.

译文：我写给你的信质量之高远远补偿不了我迟交之罪。

2. more than+adjective

在"more than + 形容词"的结构中，more than 相当于副词 quite 或 very，常译作"非常""相当""十分"。

① He was more than upset by the accident.

译文：那次交通事故使他十分不安。

② We are more than happy to hear of your marriage.

译文：听说你们结婚了，我们非常高兴。

③ The teacher was more than satisfied with your answer.

译文：老师对你的回答相当满意。

（二）less than

"less than + 数词"表示"少于""不是""不到"等比较意义。除此之外，less than 还有以下用法及含义：

1. less than +noun

在"less than + 名词"的结构中，less than 相当于 little，常译作"一点也没有""没有""完全没有"等。

① The Lions were less than innocents in the warfare.

译文：英国人在战争中一点也不傻。

② There was no one in the U.S. attorney's private office, and so when his anger was released it produced even less than its usual response.

译文：美国检察长私人办公室里空无一人，所以他发怒时，通常一点回应也没有。

③ This was a young man with a high forehead and a nervous smile who wanted advice about majoring in English, his adviser having given him less than satisfaction.

译文：这是一个额头高的青年，微笑时略带羞涩，他想听听导师对他主修英语有何见教，但导师没有给他满意的忠告。

2. less than +adjective

在"less than + 形容词"的结构中，less than 相当于 not enough，常译作"不太""不够"等。

① The road was less than smooth.

译文：那条路不太平坦。

② He was less than honest in his replies.

译文：他的回答不够诚实。

③ The boys were less than happy about having a party.

译文：男孩子们当时不太高兴办舞会。

（三）否定词 +more than

no more than、little more than、nothing more than、not any more than 均属于"否定词 + more than"结构。在这种结构中，"否定词 +more than"相当于 only，常译作"仅仅""只"等。

① I have no more than five dollars in my pockets.

译文：我身上只有五美元。

② It could be no more than a guess.

译文：那只能是个猜测。

③ The president had done no more than support "continuing study of the problem".

译文：总统所做的仅仅是对"继续研究这个问题"表示支持而已。

④ They never do any more than just talk about it.

译文：对于这个问题，他们仅仅是空谈，从没有任何行动。

（四）否定词 +less than

1. no less than

在 no less than 结构中，no less than 相当于 as many as，可译作"多达……""……之多"等。

① There were no less than 4, 000 wounded.

译文：当时伤员多达四千人。

② The rent cost her no less than 500 dollars a month.

译文：她每月所付房租多达五百美元。

③ He had now called at the Rectory no less than six times and been turned away on each occasion by the inscrutable Pattie.

译文：他到教区长住所拜访多达六次，可是，每次都被那个不可捉摸的帕蒂挡了回来。

④ Forty eight hours after the word was spoken, no less than three hundred offices manned with six thousand paid workers were opened in major cities across the United States.

译文：此话传开后四十八小时，多达三百家办事处在美国各大城市开业，共雇用六千名工作人员。

2. not less than

在 not less than 结构中，not less than 相当于 at least，可译作"至少""不低于"等。

① They have not less than five children.

译文：他们至少有五个孩子。

② There were not less than a thousand people there.

译文：当时那里至少有一千人。

3. nothing (more or) less than

在 nothing (more or) less than 结构中，nothing (more or) less than 相当于 just the same as，可译作"完全是""简直是""同……一样"等。

① It's nothing less than blackmail to ask such a high price.

译文：要这么大的价钱简直是敲竹杠。

② It's nothing (more or) less than murder to send such a small group of soldiers out to attack those heavily defended enemy positions.

译文：派这样一小组士兵去攻击那些有重兵把守的敌军阵地完全是叫他们去送死。

（五）more...than 和 less...han

more...than 和 less...than 主要用于同一人、同一事或同一物两个方面的比较，它们可以与名词、形容词、介词短语等连用，常译作"与其说……不如说……"。值得特别注意的是，more...than 结构否定的重点是 than 之后的部分，例如：

① She is more mad than stupid.

译文：与其说她傻，不如说她疯。

② It was more a debating point than a conviction.

译文：与其说这是一种信念，不如说是争论的焦点。

③ Having never before published anything, he was more elated by the acceptance than by the money.

译文：由于他从未发表过任何作品，所以与其说他是为将获得稿酬而高兴，不如说是因为被采用而高兴。

而 less...than 结构否定的重点是 than 之前的部分。例如：

① He felt less annoyed than satisfied.

译文：与其说他感到生气，不如说他感到满意。

② It was less a story than a slightly fictionalized reminiscence of his old days.

译文：这与其说是一篇故事，不如说是一篇稍经艺术加工了的记载他昔日生活的回忆。

③ Hitler's mistakes gave Roosevelt the victory; just as Waterloo it was less than Wellington who won than Napoleon who lost.

译文：希特勒犯下的错误使罗斯福取得了胜利。正如滑铁卢战场上，与其说是威灵顿胜了，不如说是拿破仑败了。

④ Many difficulties in the country were due less to any ideological reason than to nationalistic feelings.

译文：那个国家的许多纠纷与其说是由意识形态造成的，不如说是由民族情感造成的。

（六）no more...than

在 no more...than 结构中，no more...than 相当于 neither...nor...，可译作"不……也不……"。

① The whale is no more a fish than a horse.

译文：鲸不是马，也不是鱼。

② He is no more a writer than a painter.

译文：他不是画家，也不是作家。

③ Her husband could no more do without her than she could without him.

译文：她离不开她丈夫，她丈夫也离不开她。

（七）no less...than

在 no less...than 结构中，no less...than 相当于 just like、just as，可译作"就像……一样"。

① He was accused of no less a crime than high treason.

译文：他被指控犯了叛国一样的大罪。

② It must be made clear that insulting and abasing the national dignity of our people is no less a social danger than a punch in the face.

译文：必须指出，侮辱和贬低我国人民的民族尊严犹如给人当面一拳，其社会影响没什么两样。

（八）not so much...as

not so much...as 相当于 less...than，可译作"与其说是……不如说……"，否定重点落在 as 之前的部分。

① He is not so much a teacher as an expert. （=He is less a teacher than an expert./He is more an expert than a teacher. ）

译文：与其说他是教师，不如说他是专家。

② The situation called not so much for fight as for negotiation.

译文：与其说当时形势需要打仗，不如说需要谈判。

第三节　状语从句的理解与翻译

一、状语从句的特点与作用

状语从句，即从句作状语。状语从句通常由从属连词引导，它相当于一个副词，可以用来修饰谓语、定语、状语或整个句子。例如：

① You may come whenever you like.

译文：你高兴（什么时候）来就（可以什么时候）来。

when 引导的从句修饰谓语动词 come。

② Things didn't go smoothly as we had thought.

译文：事情进行得没有我们想的那样顺利。

as 引导的从句修饰状语 so smoothly。

③ She has made greater progress than we expected.

译文：她取得的进步，比我们预料的大。

than 引导的从句修饰作定语的 greater。

④ I'll come if I'm free that day.

译文：那天如果我有空我会来。

if 引出的从句修饰整个主句 "I'll come"。

二、状语从句的种类

根据从句的意义，状语从句主要可分九大类。它们是时间状语从句、地点状语从句、原因状语从句、目的状语从句、结果状语从句、条件状语从句、让步状语从句、比较状语从句和方式状语从句。

（一）时间状语从句

时间状语从句通常由 when、whenever、as、while、before、after、until/till、(ever) since、now (that)、once so/as long as、as soon as、the time、the moment、instantly、immediately、directly 等词引导。例如：

① After she got married, Madeleine changed completely.

译文：结婚以后，玛德琳完全变了。

② He hasn't stopped complaining since he got back from his holidays.

译文：自从他休假回来，就不停地抱怨。

③ We always have to wait till/until the last customer has left.

译文：我们总得等着最后一位顾客离去。

④ She comes to talk to me whenever she feels lonely.

译文：她感到寂寞的时候就来和我聊天。

⑤ Stormy applause broke forth the moment the film stars appeared on the stage.

译文：电影明星们一登台，台下便响起了暴风雨般的掌声。

（二）地点状语从句

地点状语从句通常由 anywhere、everywhere、where、wherever 引导。例如：

① Where there is a will, there is a way.

译文：有志者事竟成。

② Make a mark where you have any doubts or questions.

译文：有疑问的地方做个记号。

③ Everywhere Jenny goes she's mistaken for Princess Diana.

译文：无论詹妮走到什么地方，她都会被误认为是戴安娜王妃。

④ Whenever we go, we must build up good relations with people.

译文：无论我们走到哪里，都要和那里的人搞好关系。

（三）原因状语从句

原因状语从句通常由 because、as、since、for seeing (that)、considering that、now that、not that、but that 等词引导。例如：

① Now (that) you are all here, let's begin the discussion.

译文：既然大家都到了，我们就开始讨论吧。

② Since you can't type the letter yourself, you'll have to ask Susan to do it for you.

译文：既然你自己不能打这封信，你就不得不叫苏珊替你打。

③ Maize is also called "Indian corn", because it was first grown by the American Indians.

译文：玉米也称为"印第安玉米"，因为它最初是美洲印第安人种植的。

④ There is nothing more to be explained as the definition is quite clear.

译文：定义很清楚，不必多说了。

（四）目的状语从句

目的状语从句通常由 that、so that、in order that、lest、for fear that、in case 等词引导。例如：

① Ask her to hurry up with the document so that I can sign them before lunch.

译文：叫她快点把文件打出来，我好在午餐前签字。

② We sent the letter by airmail in order that it might reach them in good time.

译文：那封信是航空寄出的，以便他们能及时收到。

③ I'm taking a raincoat with me in case it rains.

译文：我随身带有雨衣，以备下雨。

④ He bought the car at once for fear (that) his wife might change her mind.

译文：他马上买下了那辆车，以免他的太太变卦。

⑤ Man does not live that he may eat, but eats that he may live.

译文：人生存不是为了吃饭，而吃饭是为了生存。

（五）结果状语从句

结果状语从句通常由 that、so that、so...that、such...that 等词引导。例如：

① She worried very much that she could hardly eat her supper.

译文：她非常着急，急得吃不下晚饭。

② We left in such a hurry that we forgot to lock the door.

译文：我们走得匆忙，忘记锁门了。

③ His reactions are so quick that no one can match him.

译文：他的反应如此敏捷，没有人能比得上他。

④ What has happened that you all look so excited?

译文：发生了什么事，你们看起来都那么兴奋？

⑤ He didn't plan his time well, so that he didn't finish the work in time.

译文：他没有把时间计划好，结果没按时完成任务。

（六）条件状语从句

条件状语从句通常由 if、unless、suppose、in case、so far as、on condition (that)、provided (that)、granted that、but that 等词引导。例如：

① If you are free, please get some bread for me.

译文：如果你有空，给我拿点面包来。

② I won't lend you the book unless you return it before Saturday.

译文：除非你周六前还给我，否则不借给你这本书。

③ We'll let you use the room on condition that you keep it clean and tidy.

译文：我们可以让你们住在此屋，条件是你们必须保持房间整洁。

④ As long as we don't lose heart, we'll find a way to overcome the difficulties.

译文：只要不灰心，我们就能找到克服困难的方法。

⑤ Granted that this is true what conclusion can you draw?

译文：就算这是实际情况，你能得出什么结论呢？

（七）让步状语从句

让步状语从句通常由 though、although、while、no matter (how/what/who)、even if、even though、however、whatever、whoever、whether 等词引导。例如：

① Whether you believe it or not, it's true.

译文：不管你相信还是不相信，这是事实。

② Although they failed again, yet they didn't lose heart.

译文：尽管又失败了，但他们仍没有失去信心。

③ We mustn't be conceited even if we've achieved great success.

译文：即使我们取得了很大成绩，也不许骄傲。

④ No matter what misfortune befell him, he always squared his shoulders and said "Never mind, I'll work harder."

译文：不管他遭受什么不幸，他总是把胸一挺，说："没关系，我再加把劲儿。"

⑤ While I grant his honesty, I suspect his memory.

译文：虽然我认可他的诚实，但我怀疑他的记忆力。

（八）比较状语从句

比较状语从句通常由 as、than 等词引导。例如：

① The project was completed earlier than we had expected.

译文：这项工程完成得比我们预计的要早。

② You are a little heavier than when I saw you last.

译文：你比我上次见到时胖了点。

③ They are as often wrong as they are right.

译文：他们常对，也常错。

④ The more you practise, the better you do.

译文：你练得越多，干得越好。

⑤ I seem to spend more and more money on food every month.

译文：我每月花在伙食上的钱似乎越来越多了。

（九）方式状语从句

方式状语从句通常由 as、as if、as though、the way 等词引导。例如：

① Type this again as I showed you a moment ago.

译文：把这份材料按我刚才告诉你的那样再打一遍。

② This steak is cooked just the way I like it.

译文：这牛排正是按我喜欢的方式做的。

③ It sounds as if the situation will get worse.

译文：听起来好像情况会恶化似的。

④ He looked as though he had not slept.

译文：他看上去好像没睡觉。

⑤ I'll go or stay according as the situation requires.

译文：我去还是留要视情况而定。

三、状语从句的翻译方法

状语从句的翻译方法主要有三种：前置法、后置法和转译法。

（一）前置法

所谓前置法，是在译文中把从句置于主句之前。一般来说，原文是从句在前，主句在后，汉译时要采用前置法，即译文中也是从句在前，主句在后。例如：

① Every time he comes he brings me a new issue of some monthly magazine.

译文：他每次来总给我带来一本新的月刊。

② Where we live there is a river and mountains.

译文：我们住的地方有山有水。

③ Since no one was against it, we adopted his proposal.

译文：既然没有人反对，我们就采纳了他的建议。

④ Considering that they are just beginners, they are doing quite a good job.

译文：鉴于他们是初学者，他们做得很不错了。

但是有些时间、地点、原因、条件、让步状语从句，甚至个别目的状语从句，虽然原文是从句在后，但汉译时也可采用前置法。例如：

① Stormy applause broke out the moment he finished his speech.（时间状语从句）

译文：他讲演一结束，立刻响起暴风雨般的掌声。

② Day or night, she goes wherever there is a patient.（地点状语从句）

译文：不论白天黑夜，哪里有病人，她就到哪里去。

③ I do it because I like it.（原因状语从句）

译文：（因为）我喜欢我才干。

④ Send us a message in case you have got any difficulties.（条件状语从句）

译文：（万一）有什么困难，给我们捎个信儿。

⑤ We'll try to finish the work in time though we are short of hands.（让步状语从句）

译文：虽然我们缺少人手，但我们还是设法按时完成这项任务。

⑥ We should do our utmost in order that we may be able to over fulfil the task.（目的状语从句）

译文：为能超额完成任务，我们应全力以赴。

⑦ I checked all the results time and again for fear that there should be any mistakes.（目的状语从句）

译文：唯恐出差错，我再三核对了所有的结果。

⑧ I'll give you an answer immediately I have finished reading your report.（时间状语从句）

译文：看完你的报告后，我会立即给你答复。

（二）后置法

所谓后置法，是在译文中把从句置于主句之后。一般来说，原文是主句在前、从句在后，汉译时多采用后置法，即译文也是主句在前、从句在后。例如：

① Let's wait under the tree until the rain stops.

译文：咱们在树下等一会儿，雨停了再走。

② The mother sang a lullaby till the baby went to sleep.

译文：母亲哼着催眠曲，直到孩子睡着了。

③ The church was built where there had been a Roman temple.

译文：那座教堂建在曾一度是罗马神庙的地方。

④ All the graduates are determined to get where they are most needed by the motherland.

译文：所有的毕业生都决心到祖国最需要的地方去。

⑤ The book is unsatisfactory in that it lacks a good index.

译文：这本书不令人满意，因为它没有一个好的索引。

⑥ I'm afraid we don't stock refills for pens like yours because there's little demand for them.

译文：对不起，我们没有你这种笔的笔芯，因为买的人不多。

⑦ The essay will be valueless unless you rewrite the conclusion.

译文：这篇文章将毫无价值，除非你重写结论部分。

⑧ You can drive tonight, if you are ready.

译文：你今晚就可以出车，如果你愿意的话。

⑨ Let's choose C to be the number, however small it may be.

译文：让我们选择 C 作为这个数，不管它多么小。

⑩ The normal temperature for a human being, no matter in what part of the world he lives is about 37℃.

译文：人的正常体温是 37℃左右，不管他生活在世界的什么地方。

⑪ The murderer ran away as fast as he could, so that he might not be caught red handed.

译文：杀人凶手很快地逃了，唯恐被人当场抓住。

⑫ You'd better take more clothes in case the weather is cold.

译文：你最好多带些衣服，以防天冷。

⑬ He studied very hard (so) that he finally succeeded.

译文：他学习非常努力，终于取得了成功。

⑭ Microbes are small, so that they can't be seen with our eyes.

译文：微生物很小，因此我们用肉眼看不见它们。

从上述例句可以看出：

第一，在时间状语从句中，只有 till/until 引导的从句采用后置法。

第二，在地点状语从句中，只有 where 引导的从句有时采用后置法。

第三，一些原因状语从句、条件状语从句、让步状语从句可采用后置法。

第四，多数目的状语从句和全部结果状语从句均采用后置法。

（三）转译法

大多数状语从句要按其意义进行翻译，但个别状语从句可进行转译。所谓转译，是根据需要把一种状语从句转译成另一种状语从句。

1. 把时间状语从句转译成条件状语从句

① When the molecules of a solid move fast enough the solid melts and becomes a liquid.

译文：如果固体内的分子运动得足够快，固体就会溶化变成液体。

② These three colours, red, green and violet, when combined, produce white.

译文：这三种颜色——红色、绿色和紫色，如果混合在一起就成白色。

③ When heat is absorbed during a chemical change, we name the change an endothermic reaction.

译文：如果在化学变化中热被吸收，我们把这种变化称为吸热反应。

④ In the middle east, the peace of the world is still menaced every day while the occupied Arab territories are not restored and a just solution of the Palestinian problem has not been found.

译文：在中东，只要被占领的阿拉伯领土没有得到归还，只要巴勒斯坦问题没有得到公正解决，世界和平就仍然时时刻刻受到威胁。

2. 把地点状语从句转译成条件状语从句

① Where the volt is too large a unit, we use the millivolt or microvolt.

译文：如果用伏特为单位太大，我们可以用毫伏或微伏。

② Where internal corrosion is known to exist, the following practices can be employed.

译文：如果发现有内腐蚀存在，可采取以下措施。

③ Where a vessel has vertical sides, the pressure on the bottom is equal to the height of the liquid times its density.

译文：如果器壁是垂直的，则容器底的压力等于液体高度乘以液体的密度。

④ He did not ask for the troops stationed at other points to be removed because there was no chance of a clash between the Egyptian forces and forces of the United Nations where there was no Israelis on the other side.

译文：他并不要求驻在其他各地的部队撤出，因为只要对面没有以色列人，埃及军队和联合国部队就没有冲突的可能。

⑤ Where there is an object in the path of the beam of light, it can be seen.

译文：如果光束的通道上有物体，人们就能看到它。

3. 其他状语从句的转译

① Where others might have been overwhelmed by heartbreak he was preserved, undaunted in his great work with rare faith, devotion and detachment.

译文：在别人可能已经悲痛欲绝的时候，他却勇敢无畏，以罕见的信念、献身精神和不偏不倚的态度，坚持着他那伟大的工作。（把地点状语从句转译成时间状语从句）

② When it is wet, the buses are crowded.

译文：下雨天的公共汽车总是很拥挤。（把时间状语从句转译成定语从句）

③ They usually walk there when they might ride.

译文：虽然有车可坐，但他们通常步行去那。（把时间状语从句译成让步状语从句）

④ Wherever a chemical takes place there is a new substance formed.

译文：无论化学变化在何处发生，都会产生新的物体。（把地点状语从句转译成让步状语从句）

⑤ I'm strict with you because I want you to make rapid progress.

译文：我对你们严格是为了让你们迅速进步。（把原因状语从句转译成目的状语从句）

⑥ Now (that) you mention it, I do remember.

译文：这件事你一提我就记起来了。（把原因状语从句转译成时间状语从句）

四、注意从属连词的多义性

少数从属连词可以引导几类状语从句，在理解与翻译过程中要特别注意分析和判断它们引导的是哪类从句。

（一）as 引导的状语从句

1. 引导时间状语从句，常译作"在……的时候"

① As he slept he had a dream.

译文：他睡觉的时候做了个梦。

② I met him as I was going up stairs.

译文：我上楼的时候遇见了他。

2. 引导原因状语从句，常译作"由于""因为""既然"等

① As all the seats were full, he had to stand there.

译文：由于所有的座位都坐满了人，他只好站在那儿。

② It's very difficult for us to know what to do as we are not his parents.

译文：我们很难知道该做什么，因为我们不是他的父母。

③ As you make your bed, so you must lie on it.

译文：既然是你铺的床，你就得睡在上面。（自作自受）

3. 引导方式状语从句，常译作"按照""正如""像"等

① I have changed it as you suggest.

译文：按照你的建议，我已经改了。

② When at Rome, do as the Romans do.

译文：在罗马，罗马人怎样做你就怎样做。（入乡随俗）

③ Never had she blushed as she blushed then.

译文：她从来没有像当时那样脸红。

④ As all his friends agree, he was unusually warm-hearted, loving and generous.

译文：正如他所有的朋友的看法一样，他非常热心、慈爱和慷慨。

4. 引导让步状语从句，常译作"尽管""虽然""虽说"等

① Poor as he was (though he was poor), he was honest.

译文：虽说他很穷，但他很诚实。

② Much as I admire him as a writer (though I admire him a great deal), I do not like him as a man.

译文：尽管作为作家我赞赏他，但作为男人我不喜欢他。

③ He was unable to make much progress, hard as he tried.

译文：虽然他很努力，但他还是没有取得很大进步。

5. 引导比较状语从句，常译作"像……一样""同……一样"

① I myself felt as badly as he did.

译文：像他一样，我自己感觉也很糟。

② They know as much about that as I do.

译文：同我一样，他们对那件事也了解很多。

（二）while 引导的状语从句

1. 引导时间状语从句，常译作"当……的时候""在……的时候""趁……时候"

① We must strike while the iron is hot.

译文：我们必须趁热打铁。

② While you are sorting your things upstairs, I'll pack your books.

译文：你在楼上收拾东西时，我将给你的书打包。

③ Some people waste food while others haven't enough.

译文：一些人在浪费粮食，而另一些人却没有足够的粮食吃。

④ While their country has plenty of oil, ours has none.

译文：他们国家有大量的石油而我们国家却没有。

2. 引导让步状语从句，常译作"尽管……""虽然……"等

① While they are my neighbours, I don't know them well.

译文：他们尽管是我邻居，但我并不了解他们。

② While I sympathize, I can't really do very much to help.

译文：虽然我同情，但我确实帮不上很大忙。

3. 引导条件状语从句，常译作"只要……"

① While there is life there is hope.

译文：有生命就有希望。

② While there are employers reaping profits, we'll carry on the war against them.

译文：只要有牟取暴利的老板存在，我们就会把反对他们的斗争继续进行下去。

4. 引导原因状语从句，常译作"既然……"

① I'd like to get it settled today while you're at it.

译文：既然你们都忙，我想今天就把它定下来。

② You'll never save any money while you're so extravagant.

译文：既然你这么奢侈，你永远也不会存下钱。

（三）when 引导的状语从句

1. 表示"当……的时候"

① Don't get excited when you talk.

译文：讲话时不要激动。

② Tom was having his dinner when I saw him.

译文：我见到汤姆时他正在吃晚饭。

2. 表示"（正在）……忽然"

① We were having our picnic when it rained.

译文：我们正在野餐，忽然下起了雨。

② I was lost in the book when I heard a knock at the door.

译文：我正专心致志地看书，忽然听到有人敲门。

3. 表示"（还没）……就""（刚刚）……就"

① I had hardly opened the door when I heard my wife crying.

译文：我还没开门就听到我的太太在哭。

② I had been there little more than a week when I set to work in earnest.

译文：到那里刚刚一个星期，我就毅然投入了工作。

4. 表示"（本该）……可……"

① Why are you here when you should be in school?

译文：你本该在学校上课，为什么还在这儿?

② He walks when he might take a taxi.

译文：他本该乘出租车，可他却步行。

③ She stopped trying when she might have succeeded next time.

译文：她下次本可以成功，而她却停止了试验。

5. 表示"在……情况下"，常译作"既然"

① Why do you walk when you have a car?

译文：你既然有汽车，为什么还步行?

② How can we explain it to you when you won't listen?

译文：你既然不听，我们怎么向你解释?

③ No one can make a dress when they haven't learnt how.

译文：没学过怎样做衣服谁也不会做。

6. 表示"然后"

① The dog growled till his master spoke, when he gave a joyful bark.

译文：那狗狂叫不停直到它的主人把它喊住，然后它又欢快地叫了几声。

② I stayed there till moon, when I went home.

译文：我在那待到中午，然后就回家了。

很多从属连词都有多义性。这里仅举 as、while、when 为例，以抛砖引玉。希望同学们注意积累和总结从属连词在不同情况下的用法与翻译技巧。

第四节　名词从句的理解与翻译

英语中的名词从句包括主语从句、宾语从句、表语从句以及同位语从句。由于从句不能独立成句，只能在主句中充当相应的句子成分，因此，翻译时，往往将名词从句译成汉语单句中的成分或译成汉语联合复句中的并列分句。

一、主语从句的翻译

英语中的主语从句一般译成由主谓词组构成的主语或宾语。

① Whether an object will sink or float on water depends on its density.

译文：物体在水中是沉还是浮取决于其密度。

原句中的主语从句译成汉语的主谓词组，在句中作主语。

② That a moving body has kinetic energy is known to us all.

译文：我们都知道，运动着的物体具有动能。

原句中的主语从句译成汉语的主谓词组，在句中作宾语。

③ It is said that there may be as many as 100, 000 different sorts of proteins in a man's body.

译文：据说人体内不同种类的蛋白质可多达十万种。

原句中的名词从句是以 it 作形式主语引出的真主语从句，翻译时译成主谓词组，在句中作宾语。

④ How these two things—energy and matter—behave, how they interact one with the other, and how people control them to serve themselves make up the substance of two basic physical sciences, physics and chemistry.

译文：能量和物质如何运动，它们之间如何相互作用以及人们如何控制利用它们，构成了两种自然科学即物理和化学的基本内容。

原句中有三个主语从句，翻译时分别译成三个主谓结构，作整个句子的主语。

二、宾语从句的翻译

宾语从句在翻译时一般译成由主谓词组或偏正词组构成的主语或宾语，亦可译成由动宾词组构成的宾语。例如：

① You can easily show it to be true that all living things need air and water.

译文：你可以很容易证实，所有的生物都需要水和空气。

原句中由 it 引出的宾语从句译成主谓词组，在句中作宾语。又如：

② Because of air resistance, there is a limit to how fast an object falls.

译文：由于空气的阻力，物体下落的速度有一极限。

原文中介词 to 后的宾语从句译成偏正词组，在句中作主语。

③ It is necessary for both sides to decide on what measures are to be taken.

译文：双方有必要决定采取什么措施。

原文中的宾语从句译成动宾词组，在句中作宾语。

④ He would never let the history books say of him that he had been content to sit on the sidelines, to be a gentle, leisurely president, letting events take their course.

译文：他决不会让将来的历史书说他甘当一个袖手旁观、悠闲文雅而且听任事情自流的总统。

原文中的宾语从句较长，在翻译时译成主谓结构，在句中作宾语。

⑤ In the course of designing a structure, you have to take into consideration what kind of load the above mentioned structure will be subjected to, where on the structure the said load will do what is expected and whether the load on the structure is put into position all of sudden or applied by degrees.

译文：当你设计一个结构物时，必须考虑到：结构物将承受何种荷载，预计荷载将在结构物的何处起作用，以及荷载是突然施加的还是逐渐施加的。

原文中有三句宾语从句，翻译时依次译成主谓结构，在句子中作宾语。

三、表语从句的翻译

表语从句的翻译相对较容易，一般将其译成由主谓词组或偏正词组充当的宾语。

① My idea is that we should stick to our original plan.

译文：我的意见是我们应当按原来的计划办事。

② What he emphasized over and over again was that, no matter how difficult it might be, they should never retreat even for an inch.

译文：他再三强调的是，不管多么困难，他们绝不会后退一步。

以上两句原文中的表语从句译成主谓结构，在句中作宾语。

③ That is why there is no life on the moon.

译文：这就是月球上没有生命的原因。

原文中的表语从句译成偏正词组，在句中作宾语。

④ The question is what a diesel engine is, how it works and how it differs from a gasoline engine.

译文：问题是什么是柴油机，它是如何工作的，它和汽油机又有何不同。

原文中有三句表语从句，翻译时依次译成主谓结构，在整个句子中作宾语。

四、同位语从句的翻译

同位语从句常常由连词 that 引导，有时也由 whether 或 if 引导，用以对某个名词作进一步的解释或说明。同位语的翻译一般有以下几种方法：

（一）分译法

分译法是指将同位语从句和主句分开进行翻译，使其成为汉语句子中的一个并列分句，且往往在前面加上冒号、破折号或"即"字。

① In July 1898, Curie and her husband got a great success that they discovered the radioactive element—polonium.

译文：1898 年 7 月，居里和她的丈夫取得了一项伟大的成就——他们发现了钋这种放射性元素。

② Not long ago, the scientists made an exciting discovery that this waste material could be turned into plastics.

译文：不久前，科学家们获得了一个令人振奋的发现，即可以把这种废物变成塑料。

③ But considered realistically, we had to face the fact that our prospects were less than good.

译文：但是考虑得现实一些，我们不得不正视这样的事实，即我们的前景并不妙。

④ Then rose the question where we were to get the material needed.

译文：这时就产生了这样一个问题：我们到哪儿去找所需要的材料。

⑤ We are finally led to the conclusion that if the resistance of the floor could be entirely removed any horizontal force could start the box moving and once started, it would continue to move indefinitely unless a force were exerted to stop it.

译文：我们最终得出结论：如果地板的阻力可以完全去掉的话，那么，任何一个水平力都会使箱子运动，而且箱子一旦开始运动，就会无止境地运动下去，直到作用力停止为止。

（二）合译法

合译法是把同位语从句译成由主谓词组充当的前置定语，翻译时，可在被说明的名词前加"的"字。有时也可加译"这种""这一"等词。

① They marvel at the fact that China did it all on its own.

译文：所有这些都是中国靠自己的力量做到的，这一事实使他们感到惊讶。

② There was little possibility that they would succeed, but they didn't mind.

译文：他们成功的可能性极小，但他们不在乎。

③ The report that an American scientist had picked up radio waves from outside the earth astonished the world.

译文：一位美国科学家收到了来自地球之外无线电波的报道使全世界大为震惊。

④ They were very suspicious of the assumption that he would rather kill himself than surrender.

译文：对于他宁愿自杀也不投降这种假设，他们是很怀疑的。

⑤ The problem that all machines in this factory must be automated will be solved before long.

译文：该厂所有机器实现自动化的问题不久就能解决。

（三）词类转换法

英语中有些同位语从句往往用在 idea、hope、thought、order、suggestion 等含有动作意义的名词后，翻译时，可将这类名词转译成动词，然后将同位语从句译成宾语。

① I have no idea that you were here.

译文：我不知道你在这儿。

② The thought came to him that maybe the enemy had fled the city.

译文：他突然想起敌人可能已经逃出城了。

③ He expressed the hope that he could do the experiment again.

译文：他希望能重新进行那项实验。

④ An order has been given that the researchers who are now in the sky-lab should be sent back.

译文：已经命令将现在仍在航天实验室里的研究人员送回来。

⑤ They made the suggestion that the working conditions should be improved.

译文：他们建议改善工作条件。

第五节　习语的理解与翻译

习语是一个民族、一个地方语言的精华，有着文字简练、形象生动、含义深刻、富有感染力等特征。汉语的习语如此，英语的习语也如此。

一、英语习语的特点

我们这里讲的习语（idioms）包括俗语（colloquialisms）、谚语（proverbs）和俚语（slang expressions）。英语习语的特点如下：

（一）有较强的韵律，读起来通顺流畅，听起来悦耳动听

1. 一些习语采用了头韵

① as busy as a bee

译文：忙如蜜蜂，极其忙碌，忙得团团转

② as blind as a bat

译文：瞎如蝙蝠，有眼无珠，对周围事物一无所知

③ as proud as a peacock

译文：高傲如孔雀，非常高傲

④ as red as a rose

译文：红如玫瑰，非常红

⑤ as mad as a March hare

译文：疯如三月兔

⑥ as soft as silk

译文：柔软如丝，非常柔软

2. 一些习语采用了脚韵

① East or west, home is best.

译文：走东闯西，哪儿都不如家里。

② Man proposes, God disposes.

译文：谋事在人，成事在天。

③ Health is better than wealth.

译文：健康胜于财富。

④ A mackerel sky is never long dry.

译文：天上现鱼鳞，转眼雨淋淋。

⑤ A light purse is a heavy curse.

译文：钱包空空是祸根。/ 为人无钱处处难。

⑥ A friend in need is a friend indeed.

译文：患难朋友才是真正的朋友。

3. 一些习语采用了对仗

① Many men, many minds.

译文：人多心多。/ 十个人十条心。

② Easy come, easy go.

译文：来得容易，去得快。

③ Nothing ventures nothing have.

译文：不入虎穴，焉得虎子。

④ Early sow, early mow.

译文：早耕耘早收获。/ 早动手早得益。

⑤ A fall in the pit, a gain in the wit.

译文：吃一堑，长一智。

（二）有鲜明的形象，易于理解和记忆

① Fields have eyes and woods have ears.

译文：大地有眼，树木有耳。

② In a thousand pounds of law there is not an ounce of love.

译文：法律无情。

③ His hair grows through his hood.

译文：生活困苦。/ 穷困潦倒。

④ Hope is a good breakfast but a bad supper.

译文：希望是美好的早餐，却是辛酸的晚餐。/ 事前希望多美好，事后失败成苦恼。

⑤ If a man empties his purse into his head, no one can take it from him.

译文：如果一个人倾其所有的钱财求学问，所求的学问谁也拿不走。

二、习语的翻译方法

习语英译汉时有三种翻译方法：直译法、借用法和意译法。

（一）直译法

所谓直译，是指译出原文的字面意思，完全保留了原习语的比喻和形象。例如：

① cold war 译为：冷战。

② under one's nose 译为：在鼻子底下。

③ (to be) packed like sardines 译为：拥挤得像罐头里的沙丁鱼。

④ to give a green light to 译为：为……开绿灯。

⑤ to look through coloured spectacles 译为：戴着有色眼镜看（人）。

⑥ "A cat has nine lives." 译为：猫有九条命。

⑦ "Blood is thicker than water." 译为：血浓于水。

⑧ "Barking dogs do not bite." 译为：叫唤的狗不咬人。

⑨ "Strike while the iron is hot." 译为：趁热打铁。

⑩ "Money is the root of all evils." 译为：金钱是万恶之根。

（二）借用法

有些英语习语与汉语的习语有着相同的隐义和修辞，只是比喻的形象略有差异。遇到这样的情况，可借用同义汉语习语来译出。例如：

① a drop in the ocean

译文：沧海一粟

② to spend money like water

译文：挥金如土

③ to laugh off one's head

译文：笑掉大牙

④ to lead a cat-and-dog life

译文：过着鸡犬不宁的生活。

⑤ to offer to teach fish to swim

译文：班门弄斧

⑥ to run away with one's head between one's legs

译文：夹着尾巴逃跑

⑦ to have butterflies in one's stomach

译文：心中揣个小兔子，怦怦直跳

⑧ Rome was not built in a day.

译文：罗马非一日建成。/ 冰冻三尺非一日之寒。

⑨ The leopard can't change its spots.

译文：江山易改，本性难移。

⑩ In the country of the blind, the one-eyed man is king.

译文：山中无老虎，猴子称大王。

（三）意译法

意译法是指在不能采用直译法和借用法时而采用的一种翻译方法。所谓意译，就是放弃原习语的比喻形象和语言色彩，用通顺而富有韵律的汉语准确地表达出原文的内涵。

很多英语习语都要采用意译法将其译成汉语，主要原因是英国和中国处在截然不同的地理环境之中，两国人民的风俗习惯又浑然不同，其习语的比喻形象和语言色彩自然千差万别。如果采用直译或借用法，生搬硬套，势必令语读者费解。

例如："He told me that he was left high and dry at the moment."（他告诉我他当时正处于困境）和 "We must take the wind out of their sails in this competition."（在这次竞赛中我们必须先发制人）。这两句中的 left high and dry 和 take the wind out of sb's sails 均为航海用语，前者是指船只"搁浅"，后者是指数船同时航行时"抢占风路"，让他人的船帆得不到风。

众所周知，英国是个岛国，航海事业发达而悠久，自然在这方面的比喻很多，而中国是内陆国家，如果把这类比喻直译成汉语，就会令人费解。

又如："Every dog has its day."（人人都有得意日）和"I'm too old a dog to learn new tricks."（我上了年纪，学不会新把戏了）。这两个例句原文中均有 dog 一词，可译文中却不见"狗"字。英国人视狗如朋友，常常以狗喻人，是褒义；而中国人虽有"狗是忠臣"之说，但多数涉及狗的词句均属贬义，故在这里不能把 dog 一词直译出来。

类似上述情况比比皆是，都应采用意译法，有些习语在辞典中也只有意译解释。例如：

① Among so many well-dressed and cultured people, the country girl felt like a fish out of water.

译文：同这么多穿着体面而又有教养的人在一起，这位乡下姑娘感到很不自在。

② She was born with a silver spoon in her mouth she thinks she can do what she likes.

译文：她出生于富贵人家，认为事事都可随心所欲。

③ Have you got your ducks in a row for your trip?

译文：你的旅行一切都准备好了吗？

④ I wish Sam would study harder, because I am breaking my neck to scrape up the money to keep him in college.

译文：我希望萨姆在念书方面再用功一些，因为我一直在想尽一切办法来凑足钱好让他继续念大学。

⑤ Uncle Joe is the black sheep in the family. Instead of getting a job, all he does is drink too much, gamble away any money he gets and chase after women.

译文：乔叔叔是他们家的败家子。他不是去找个工作，而是成天喝酒。有了一点钱就去赌，还老是追女人。

⑥ For the last ten years the Tigers have been the worst team in the league, but now the shoe is on the other foot: we have all these good young players and we're beating everybody else in the whole league.

译文：十年来老虎队是历届联赛中最差的队，可现在不同了，我们的队员都很年轻，球艺也好，他们把其他球队一个个全打败了。

三、习语英译汉应注意的问题

关于习语英译汉我们讲了三种翻译方法，在运用这些方法的过程中要注意以下问题：

第一，很多习语的意思不是其表面词义的总和，经常是其字面意思和其内涵相差很远，甚至背道而驰。所以，在翻译过程中要多查词典，不能犯先入为主的错误。例如：pull somebody's leg 不是"拉后腿"，而是"戏弄某人""开某人的玩笑"；move heaven and earth 不是"翻天覆地"，而是"竭尽全力"；child's play 不是"儿戏"，而是"简单容易"。例如：

① Every family is said to have a skeleton in the cupboard.

译文：据说家家都有见不得人的事。

skeleton 意为"骨头架子""骷髅"，而 a skeleton in the cupboard 却不是"碗橱里有个骨头架子"，而是"家丑""隐私"之意。

② Selling sneakers is duck soup for me, but these shirts are now a drug in the market.

译文：推销运动鞋对我来说很容易办到，可这些衬衣现在市场上卖不动呀。

原文中的 duck soup 是俚语，意为"容易做的事""好欺负的人"，不是"鸭子汤"；a drug in/on the market 不是"市场上的毒品"，而是"市场上的滞销商品"。

③ To my joy, my daughter knows a thing or two about Italian.

译文：我感到高兴的是，我的女儿对意大利语很熟悉。

许多同学把 to know a thing or two 译成"略知一二"，完全是根据字面判断的。而实际上，to know a thing or two 的含义与其字面意思恰恰相反，为"很熟悉""精通"之意。

④ Johnny! Come right in here and put your coat and hat on. You'll catch your death!

译文：约翰尼！进来，穿上衣服戴上帽子，要不你会得那要命的重感冒的！

句中的 catch one's death 意为 get a bad cold（得重感冒），与"死亡"毫无关系。

⑤ Stop dishing the dirt, Sally. It's really quite unbecoming!

译文：别说人家闲话，萨莉。这样做不成体统。

句中的 to dish the dirt 意为 to gossip（说闲话），与"泥土"毫不相干。

⑥ Don't try to fool me. I'm from Missouri.

译文：别想骗我。对你的话，我是不会相信的。

句中 from Missouri 是俚语，意为"怀疑的""不信的"，不是"来自……"。

第二，英语习语常常以缩略形式出现，如："Jack of all trades and master of none."（样样通，样样松的人）可缩略为 Jack of all trades；"If you run after two hares, you will catch neither."（脚踏两只船，必定落空）可缩略为 to run after two hares；"It's no use crying over spilt milk."（做无益的后悔）可缩略为 to cry over spilt milk，其含义不变。所以译者必须熟悉这类习语，才能认知其简化形式。一般来说，简化形式的习语英译汉时，译文也应保持

原文的简化形式；如果以简化形式翻译不能完整地表达原文内涵，那就必须按习语原形来译。例如：

① When he dined with his sister that evening, Madeline helped herself to a cigarette from his pack on the table and lit and smoked it inexpertly. Her defiant, self-satisfied, somewhat pathetic air made Warren laugh "When the cat's away, hey!" he said.

译文：他跟妹妹那天一起吃晚饭的时候，梅德琳从桌上他的烟盒里拿了支烟，点着，不太在行地抽了起来。她那种倔强的、自满的、有点令人爱怜的神气引得华伦哈哈大笑起来。"猫不在了，嘿！"他说。

原文中的 when the cat's away 是习语 "When the cat's away the mice will play."（猫儿不在，鼠儿成精）的缩略形式。译成"猫儿不在了"，保持了原文的缩略形式，读者可通过上下文理解其含义。华伦说"猫儿不在了"，明显是在取笑妹妹背着管教严格的父亲在偷偷地学抽烟。

② "Well, it's the old story of the stitch in time, " he said."Your politicos could have got the weird little bastard with no trouble early on, but they didn't. Now they have problems."

译文："嗯，还是那句老话：及时缝一针，可以省掉九针，"他说。"你的那班政客要是早下手，本来可以轻而易举地把这个不可思议的小杂种干掉的，可是他们不动手。现在他们遇到难题了。"

原文中的 the stitch in time 是习语 "A stitch in time saves nine."（及时一针，可省掉九针／小洞及时补，大洞不会出）的缩略形式。如果只把它译为"及时缝针"，尽管有上下文，读者也不会理解其要表达的含义。所以，必须按习语原形译出。

③ "... I think, and I certainly hope, those stories are terribly exaggerated. Our intelligence says they are, still, where there's smoke ..."

译文："……我觉得，我当然也希望，这些报道是被可怕地夸大了。我们的情报是这样说的。不过，有烟必有火……"

原文中的 where there's smoke 是习语 "Where there's smoke, there's fire."（有烟必有火）的简化。如果按其简化形式译成"哪里有烟"，显然是话没说完，语义不完整。按习语原形译出，直译作"有烟必有火"，或借译成"无风不起浪"会更完美。

第三，英语习语的译文，特别是英语谚语的译文要尽可能地体现出汉语习语的特点，即语言精练、韵律优美。下面列出一些典型译例供大家学习和欣赏。

① Beauty lies in lover's eyes.

译文：情人眼里出西施。

② Hard words break no bones.

译文：忠言逆耳利于行，良药苦口利于病。

③ Birds of feather flock together.

译文：物以类聚，人以群分。

④ The higher ups the greater the fall.

译文：爬得越高，跌得越惨。

⑤ Work will not kill a man, but worry will.

译文：人累不死，但能愁死。

⑥ Empty vessels make the most noise.

译文：瓶子越空，响声越大。/ 满瓶子不响，半瓶子哐当。

⑦ Lookers-on see more than players.

译文：当局者迷，旁观者清。

⑧ You can't clap hands with one palm.

译文：孤掌难鸣。

⑨ Better is a neighbour that is near than a brother far off.

译文：远亲不如近邻。

⑩ Armies are to be maintained for years but used on a single day.

译文：养兵千日，用兵一时。

📖 思考与练习

一、思考题

1. 英汉句法在哪些地方存在差异？
2. 应该如何翻译比较句？
3. 状语从句应如何翻译？

二、练习题

1. I have just finished a spell in the mountains and it seems to have braced me up like anything.

2. He has got it in his head to become an artist, but his opinions about modern art are strictly for the birds.

3. These young people are nothing if not clever. However, in such matters they are only not children.

4. The president has a twist in his tongue, but he said humorously that he was suffering from foot and mouth disease.

第四章　语篇翻译

　　随着我国经济持续、健康、快速的发展和改革开放的不断深入，我国综合国力不断增强，政治、经济、文化等各方面的国际交往日益频繁。作为服务于改革开放的先导力量和与世界沟通的桥梁，翻译的作用将愈发突出。本章内容为语篇翻译，包括语篇的类型和翻译、英汉语篇对比、英汉语篇翻译技巧。

第一节　语篇的类型和翻译

　　语篇是相对完整的话语表达。言语都是有意识、有目的的。所以，每个语篇都能反映交际的目的、说话者和听话者之间的关系以及使用语言交流的方式。这些知识是我们在特定的社会文化环境里学到的，一旦成形就不易改变。比如，我们可以很容易区分什么是诗、什么是通知、什么是广告，主要是因为我们心里已经有了有关上述篇章的各种脚本。而且，我们还可以对语篇进行功能上的分类，将语篇划分成信息型语篇（如时事、报告）、表情型语篇（如文学作品）和感染型语篇（如广告、宣传）；也可以分为描述、叙述和议论型语篇；还可以按典型情境下出现的事件分为天气预报、祷告、操作手册等。这些分类有宏观的，也有微观的，我们统称之为语篇类型（text types）。

　　如果某些语篇属于某个类型，就意味着它们重复出现在特定的交际情境里，功能也基本相同。这类文本已形成常规的形式特征，具备了某种社会规范的地位。用于交际过程时，交际者对这些常规和规范已有期待。

　　有一项研究是让日本人和美国人浏览一幅水下风景图，然后报告他们的观察结果。结果，美国人直接报告说看到了最亮或最快的移动物体（如鳟鱼）；而日本人则报告说看到了一条小河，水清澈，水底有石，然后才提及鱼儿。报告还说，和美国人相比，日本人提供的背景信息多了 60%，而有关背景和前景的关系的信息则高出一倍。

　　这一差异告诉我们，日本人（其实说汉语的中国人也是同样）对背景信息的重视表现为背景细节呈现得过于铺张。在我们看来，对背景细节捕捉得越多，越能表现出一个人态度认真、工作严谨，这一点和欧美人迥然有异，这也会在篇章构建方式上表现出来。

在单语环境下，作者在产出语篇时就要考虑读者对常规和规范的期待；而在双语环境下，译者在产出译文时则要考虑目的语读者对语篇常规和规范的期待。在翻译感染型或其他应用型语篇时更要注意这一点。因为这类语篇对时效性要求较高，跨语言和跨文化的差异也比较明显。这种差异其实早已进入语言内部了，比如，先背景后前景的短语表达在汉语里是常规，在英语里则相反（比较"the book on the table"和"桌子上的书"）。

一、表情型语篇

表情型（expressive）语篇表达说话者的主观感受，表达说话者对现实的感受、个人的情感和对生活的态度。所以，表情型语篇有审美功能，多为文学作品，如诗歌、散文、小说等。凡语篇皆植根于特定的语言、社会和文化环境，文学语篇更是如此，它强调特定语言文化背景下语言运用的个性和艺术性。所以，这种艺术性和审美效果用另一种语言表达就很困难，翻译此类语篇就是用另一种语言进行再创作的过程，难免带有译者个人的行文风格。例如：

What an idle time! What an insubstantial, happy, foolish time! Of all the times of mine that time has in his grip, there is none that in one retrospect I can smile at half so much, and think of half so tenderly.

译文 1：这是多么悠闲的时光！这是多么潇洒、惬意、单纯的时光！在我有生以来所度过的一切的时期中，没有一个在回顾时能够使我像那个时期一样微笑，并且温柔地思念着。

译文 2：那是多么悠闲的时光！那是多么潇洒、多么惬意、多么单纯的时光！在时光老人掌握的我的全部时光之中，回想起来，哪一段也不会唤起我这么多的柔情，使我这么开心地微笑。

点评：这是抒发个人情愫的片段，作者运用感叹句式（What...！）、夸张性的表述（of all...；none...half so...）、程度副词 so 以及短促的句式来渲染这种情感氛围。两个译文都能表达这种情感，但译文 2 使用了汉语典型的重复（"多么"）、强调句式（"哪一段也不……这么"）以及断句（"回想起来"），显然有助于渲染这种强烈的情感感受。而译文 1 的后半部分句式拖沓、用词拘谨，使得语言表达整体上流于平淡，原文的强烈情感难以在译文里表达出来。表情型语篇的翻译强调文学性和审美价值的再现，既重视忠实性，又重视语言的创造性运用。在文学语篇里，诗歌中的语言运用格外绚丽、凝练和跳跃，翻译起来也最难令人满意。

二、信息型语篇

信息型（informative）语篇侧重内容。与表情型语篇相比，信息型语篇在语言使用上不追求主观、变化和新奇，更注重客观、平实、准确和规范。这样，译者自由发挥的空间就比较有限，译者要准确理解和传达原文的概念信息，以实现译文和原文在语义上的对等。

在经济全球化大潮下，为提高交流效率和效果，双语平行文本已越来越多地应用于在经济、商务、生产和国际交流活动之中；而且，科技文献、软件系统帮助文件、网页和政府文献也大量使用双语或多语文本。这些双语文本的特点是充分对齐，多数情况下不需要改变篇章的构成。

三、感染型语篇

感染型（appellative）语篇，顾名思义就是说服别人去做说话者要求他们做的事情。既然如此，信息接收者就是这类语篇首先要关注的对象，能否适应目标读者的接受视野和接受方式并实现劝导功能，直接关系到此类文本翻译的成败。我们以旅游宣传文本为例说明这个问题。

一个语篇在意义上可以分解成不同的功能成分，功能成分是相对独立的语段。在不同语言社团里，特定类型的语篇包含的功能成分有同有异，感染型的旅游文本也是如此。

鉴于同一功能的语篇在跨语言语境下可能有不同的构篇方式，在语篇转换时，要以实现源语交际目的为重构标准。在翻译旅游文本这类强调时效性的应用型语篇时，译者可以适度干预，尽可能缩小译文和目的语原创文本在构篇方式上的差异，让目标读者不需要大幅调整接受习惯和期待视野就能接受译语文本。

第二节　英汉语篇对比

由于语言使用方式、风俗习惯等因素的影响，英汉语言在篇章上存在着很大差异。对英汉篇章进行对比与翻译研究，能够提高语言学习者的语篇运用能力和英语习得能力。

一、英汉衔接手段对比

在语言学中，语篇指的是一个任何长度的、语义完整的口语或书面语段落。换句话说，语篇就是由一系列连续的句子或语段构成的语言整体。

需要特别强调的一点是，虽然语篇是由句子构成的，但是构成语篇的句子却不是可以随便选择的。这些句子之间需要有一定的逻辑关系，对表现段落或文章主旨有一定的促进作用。这就显示了语篇之间衔接的重要性。若想文章的主题鲜明、句意通畅，使用好衔接手段十分重要。衔接手段是语句成篇的保证，也是表现文章中心思想的重要手段。由于英汉语言在语法衔接手段上表现出的差异较明显，因此下文中主要对英汉语法衔接手段进行对比和分析，主要从照应、省略、替代、连接四方面进行。

（一）照应

1. 英汉照应的现象

当句子中的单词无法进行自我解释时，就需要其他的单词或句子对其进行解释，这种现象就是照应。这就是说，所谓照应就是指在篇章中一种语言成分与另一种语言成分互相解释说明的现象。例如：

Readers look for the topics of sentence to tell them what a whole passages is "about", if they feel that its sequence of topics focuses on a limited set of related topic, then they will feel they are moving through that passage from cumulatively coherent point of view.

在这个例子中，需要对 they 的具体含义进行推断和理解。这就需要对 they 所指的对象进行分析。在分析时可以对篇章中 they 的照应词进行确定。通过对句子的观察，they 与 readers 构成照应关系，从而确定了 they 的含义和所指。

在汉语语篇中，照应的关系也十分常见。例如：

她不是鲁镇人。有一年的冬初，四叔家里要换个女工，做中人的卫老婆子带她进来了，头上扎着白头绳，乌裙，蓝夹袄，月白背心，年纪大约二十六七，脸色青黄，但两颊却还是红的。卫老婆子叫她祥林嫂，说是自己母家的邻舍，死了当家人，所以出来做工了。

在上面的篇章中，出现了三个"她"。作者在叙述过程中巧妙地使用衔接手段，使整个篇章前后照应，形成了一个整体。读者在读到这样的段落时，也能清楚地明白"她"指的是"祥林嫂"。

2. 英汉照应的对比

虽然在英语和汉语的篇章中都大量使用照应的现象，但是在英语中使用人称代词的频率却远远高于汉语。这个现象主要是由英汉之间篇章的行文特点所决定的。英语注重句子结构的完整性及语法的一致性，为避免重复，必须使用人称代词；而汉语句子往往一个主语可以管辖几个分句，甚至几个句子或整段语篇，因此人称代词的使用频率低。

由于这种照应手段上的差异，在进行英汉语言翻译的过程中就需要译者对原文进行分析和理解，找出正确的翻译方式，对原文进行适当调整，从而译出符合译语表达习惯的译文。例如：

Quietly, so as not to disturb the child's mother, he rose from the bed and inched toward the cradle. Reaching down, he gently lifted the warm bundle to his shoulder. Then, he tiptoed from the bedroom, she lifted her head, opened her eyes and—daily dose of magic—smiled up at her dad.

原译：他不想弄醒熟睡的妻子，小心翼翼地下了地，一步一步慢慢走到女儿的小床边，他弯下腰来，伸出双手轻轻地连女儿带包被一起抱了起来贴在自己的胸前。他踮着脚尖走出了卧室。怀中的女儿抬了抬头，睁开睡眼，咧开小嘴冲他朦胧地一笑。女儿的笑打动着他这颗当父亲的心，天天如此。

改译：他不想弄醒熟睡的妻子，小心翼翼地下了地，一步一步慢慢走到女儿的小床边，（省略"他"）弯下腰来，伸出双手轻轻地连女儿带包被一起抱了起来贴在自己的胸前，（省略"他"）踮着脚尖走出了卧室。怀中的女儿抬了抬头，睁开睡眼，咧开小嘴冲他朦胧地一笑。女儿的笑打动着他这颗当父亲的心，天天如此。

在上面的例子中，起到对应关系的代词是 he 和 his。通过对两个译文进行分析可以看出，调整之后的译文更加符合汉语的表达习惯，行文更加通顺晓畅。再如：

老栓正在专心走路，忽然吃了一惊，远远地看见一条丁字街，明明白白横着。他便退了几步，寻到一家关着门的铺子，蹩进檐下，靠门立住了。

Absorbed in his walking, Old Shuan was startled when he saw the cross road lying distinctly ahead of him. He walked back a few steps to stand under the eaves of a shop in front of its closed door.

原文中"老栓"和"他"进行了对应，因此译文抓住了句子的特点，将主体老栓的形象翻译得十分准确到位。译者在分析句子结构和词汇照应关系的基础之上进行翻译，不仅准确表现出了原文想表达的思想，同时也符合译语国家的语言表达习惯，便于读者的阅读和理解。

在具体的翻译实践过程中，当碰到语篇中存在照应关系时，译者首先应对篇章进行分析与整合，然后根据不同语言的特点进行适当调整。具体可分为以下两类。

第一，在英译汉中，可以遵循"省略原则"，即略去原文频频出现的实现人称照应的人称代词。

第二，在汉译英时，必须增加必要的人称代词从而实现其照应关系。

（二）省略

所谓省略，指的是在篇章或句子中省去某个成分的衔接手段。但是在篇章中不可以随便省略，省略需要在不影响文意的情况下进行。在篇章中使用省略的衔接手段，能够避免文章句子的重复，使句子表达简练紧凑。

1. 省略的分类

省略一般有以下三种类别。

（1）名词性省略

所谓名词性省略，指的是在句子中省略名词的衔接手段。例如：

Jack was apparently indignant, and（ ）left the room at once.

这个例句为名词性省略，省略了作主语的 he。

（2）动词性省略

所谓动词性省略，指的是在句子中省略动词的衔接手段。例如：

Reading makes a full man; conference（ ）a ready man; writing（ ）an exact man.

这个句子为动词性省略，省略了动词 makes。

（3）分句性省略

所谓分句性省略，指的是在句子中省略分句的衔接手段。例如：

A: What does she mean by saying that?

B: I don't know for sure.

上文为分句性省略，know 后面省略了 what she means by saying that。

2. 英汉省略的对比

通过对英语和汉语进行对比可以发现，英汉省略存在着一定的差异。总结起来，英语多省略谓语或动词，而汉语多省略主语或名词。例如：

We don't retreat, we never have（ ）and never will（ ）.

译文：我们不后退，我们从来没有后退过，将来也不后退。

原文中括号部分为省略的成分：在 have 与 will 之后分别省略了 retreated 和 retreat。为了忠实地传达原文内容，译文中需要对省略部分进行适当的补充和添加。再如：

柯灵，生于 1909 年，浙江省绍兴人，中国现代作家，1926 年发表第一篇作品——叙事诗《织布的妇人》，1930 年任《儿童时代》编辑，1949 年以前一直在上海从事报纸编辑工作，并积极投入电影、话剧运动，中华人民共和国成立后曾任《文汇报》副总编辑，现任上海电影局顾问。

译文：Ke Ling was born in Shaoxing, Zhejiang Province, in 1969. He is a modern Chinese writer. His first writing, a narrative poem—*The Woman Weaver* appeared in 1926. He was one of the editors of *Children's Times* from 1930 onwards. Before 1949 he was all along engaged in editorial work in newspaper offices and took an active part in activities of film and modern drama in Shanghai. After liberation he filled the post of deputy editor in chief of *Wenhui Bao* for a period. He is at present adviser of Shanghai Film Bureau.

汉语句子重形合，追求整体上的完整。因此，在文章中需要读者对作者的思想进行把握。在原文中，主语"柯灵"只在第一句出现，由于"柯灵"被暗含在上下文之中，读者不会有理解上的困难。但是，英语注重的是意合，也就是句子力求表达清晰、明确。因此，在译文中，译者需要对原文中省略的部分进行添加，也就是通过多个 he 将被省略的主语 Ke Ling 补充完整。

（三）替代

在语篇中经常会出现一些需要重复的内容，但是内容的重复会使文章显得拖拉、繁复，因此经常出现替代的衔接手段。

替代是指语篇中用代词或代动词来替换不想重复的部分。替代可以有效避免重复，并使上下文更加连贯。照应表达的是对等关系，而替代表达的是同类关系。

1. 替代的分类

一般而言，替代分为名词性替代（nominal substitution）、动词性替代（verbal substitution）和分句性替代（clausal substitution）。

① Jane needs a new bicycle. She's decided to buy one.（名词性替代）

译文：简需要一辆新的自行车，于是她决定买一辆。

这个例子为名词性替代，文中用 one 替代 a new bicycle。

②甲：请问您想要哪种饮料？

乙：红的还是白的，大家统一统一意见。（名词性替代）

此对话也是名词性替代，在句中用"红的"与"白的"替代"饮料"。

2. 英汉替代的对比

在英汉两种语言中都存在着替代的衔接手段，但是相比之下，英语在替代的使用频率和使用手段上都比汉语丰富。

（1）替代的使用频率对比

汉语中替代手段的使用频率远远低于英语，这是因为汉语往往使用原词复现的方式来达到语篇的衔接与连续。例如：

Darcy took up a book; Miss Bingley did the same.

译文：达西拿起一本书来，彬格莱小姐也拿起一本书来。

（2）替代的使用手段对比

英语的替代手段明显多于汉语。以名词性替代为例，英语有 this、that、one、ones、the same 等，而汉语大概只有"的"字结构。清楚认识这种差异对翻译实践有很大帮助，在英汉互译时就可以利用英汉语在替代上的差异来有效指导翻译活动。例如：

Efforts on the part of the developing nations are certainly required. So is a reordering of priorities to give agriculture the first call on national resources.

译文：发展中国家做出努力当然是必需的。调整重点，让国家的资源首先满足农业的需要，这当然也是必需的。

原文用 so 替代 certainly required，这种表达符合英语习惯。译文对"是必需的"进行了同义重复，则适应了汉语读者的阅读习惯。

（四）连接

连接是表示各种逻辑意义的连句手段。通过使用各种连接词语，句子间的语义逻辑关系可以明确表示出来，人们甚至可以经前句从逻辑上预见后续句的语义。

1. 英语关系连接词

英语的连接词语按其功能可以分为以下四种类型。

（1）添加、递进

添加、递进指的是在一个句子之后还有扩展余地，可以再添加一些补充信息。常见的连接词包括 and、furthermore、what is more、in addition 等。例如：

The world is steadily becoming more and more over-populated. In addition, the resources of the world are being gradually used up.

译文：世界正逐渐变得越来越人口过剩。此外，世界上的资源正在逐渐枯竭。

在上文中，添加了 in addition 作为句子的连接词，从而使句子的衔接更加自然和清晰。

（2）转折

转折是指前后句意完全相反。常见的连接词包括 but、however、conversely、on the other hand 等。例如：

The movements of these cycles are very much the same in a normal life, but the music must be provided by the individual himself.

译文：这些循环的乐章在人的日常生活中大同小异，但音乐必须由个人自己谱写。

（3）因果

因果指的是前后句存在原因与结果的关系。常见的连接词包括 because、since、as、for、for this reason、consequently 等。例如：

Be in a state of abundance of what you already have. I guarantee they are there; it always is buried but there. Breathe them in as if they are the air you breathe because they are yours.

译文：对你已经拥有的东西保持一种富足的状态。我保证他们在那里；它总是被埋在那里。把它们当作你呼吸的空气来呼吸，因为它们是你的。

（4）时序

时序指的是篇章中事件发生的时间关系。常见的连接词包括 first、then、next、in the end、formerly、finally 等。例如：

Though he was thought foolish, he stuck to his purpose, and finally achieved great accomplishments.

译文：尽管人们认为他很愚蠢，但他坚持自己的目标，最终取得了巨大的成就。

上例中，出现了时序连接词 finally。这种时序连接词的出现能够使句子衔接更加完整，同时也使句子更加富有层次感。

2. 汉语关系连接词

和英语一样，汉语中也存在着表示上述四种关系的连接词。

第一，表示添加、递进意义的连接词有"而且""况且""此外""另外"等。

第二，表转折意义的连接词有"但是""然而""可是"等。

第三，表因果的连接词有"因为""故此""由于""所以""于是"等。

第四，表时序的连接词有"此后""最后""原先""此前""接着""后来"等。

3. 英汉连接的对比

英汉两种语言的连接词都是意义明确的词项，都能够明白无误地表达句子之间或段落之间的语义关系和逻辑关系。但是，二者在具体的使用过程中又体现出不同的特点。具体来说，英语连接词呈显性，而汉语连接词呈隐性。例如：

A second aspect of technology transfer concentrates on US high technology exports. China has correctly complained in the past that the US was unnecessarily restrictive in limiting technology sales to China. Recently some liberalization has taken place and ① major increases in technology transfers have taken place as the result. However ②, some items continue to be subject to restrictions and unnecessary delay, in part because ③, the US Government submits many items to COCOM for approval. There is significant room for improvement with the US bureaucracy and COCOM. But ④ there is also reason to believe that the flow of technology will continue to grow and ⑤ that much of the major new technological innovation likely to occur in the US in coming years will be available to China. Also ⑥, as ⑦ new technology is developed in the US and other industrialized countries, older technologies will become available at a lower price and ⑧ export restrictions on them will ease.

译文：技术转让第二方面集中在美国的高技术出口方面。过去中国曾抱怨说，美国不必要地限制对中国出售技术，这种抱怨是情有可原的。由于①近来限制有所放宽，技术转让大大增加。但是②，还有些项目继续限制出口或受到不必要的延误，其中部分原因是③。美国政府要把许多项目提交巴黎统筹委员会批准。美国的官僚主义和巴黎统筹委员会的做法都大有改进的余地。我们同样也有理由相信技术交流会继续发展；在今后几年里，美国可能出现的重大技术革新项目，有许多会转让给中国。随着⑦新技术在美国和其他工业化国家发展，老一些的技术将以较低的价格出售，对它们的限制也⑧会放宽。

英语原文中共使用了八个连接词，它们分别是 and、however、because、but、and、also、as、and。在翻译成汉语的过程中，④⑤⑥被省略，①③⑦⑧被分别改译为"由于""其中部分原因是""随着""也"，只有②保持了原义"但是"。

通过对上文分析得知，英语连接词使用比较明显的手段将句子进行连接。而汉语连接词有的不出现，有的则显得比较松散，但内在的语义仍是连续的，充分体现出其隐性连接的特点。

二、英汉段落结构对比

段落（paragraph）是具有明确的始末标记、语义相对完整、交际功能相对独立的语篇单位。完整的段落必须主题明确、结构合理、完整统一。

英汉两个民族在思维方式与语言表达习惯上的不同，使英语段落与汉语段落在结构与内容安排上也产生了一些差异。下面就来具体分析两种语言的段落结构特点。

（一）直线推理段落结构

英美人的思维模式是直线型的，通常按照逻辑直线推理的方式进行，且每个段落必须集中一个内容。因此，英语段落通常包括以下三个部分。

第一，主题句：点明整个段落的中心思想或主题。

第二，扩展句：通过细节对主题进行说明。

第三，结论句：重申段落主题，与主题句首尾呼应。

（二）螺旋形段落结构

中国人的思维模式是曲线型的，习惯跳动、迁回、环绕的方式，这使汉语段落呈现出螺旋形的特点。具体来说，汉语段落以反复而又发展的螺旋形对一个意思加以展开，中间做出的结论又被进一步展开，或者成了一个新的次主题的基础。例如：

索引在我国出现得较晚。有人认为起源于南北朝的类书就具备了索引的性质，这种说法是不科学的。类书是将群书中可供参考的资料辑录出来，分类或依韵编排的一种工具书。它具有文献摘要的性质，并且所记录的范围漫无边际，而索引则只注明文献的出处，使读者"执其引以得其文"，并不司摘录原文之职。并且索引还有严格的范围，如作《史记人名索引》就绝不可将《汉书》中的同名人物一并编入。

为古书作索引大体始于明清之际。明末的著名学者傅山曾编制了《春秋人名韵》《春秋地名韵》。乾隆时汪辉祖编制的《史姓韵编》是依韵编排的。嘉庆时毛谟所编制的《说文检字》，采用了用部首笔划来进行编排的方法。

本例中，"索引在我国出现得较晚"是主题句，但下面的段落并没有以此为中心思想展开。第一段主要讨论类书和索引的区别。在第二段，作者才回到主题上来，继续谈索引在我国出现的时间。这充分体现出汉语段落迁回、反复的特点。

三、英汉语篇模式对比

语篇模式就是对语篇的发展布局和信息的分布进行的规划和设计。由于民族的差异性，英汉在思维、语言使用习惯上都存在着不同，因此其语篇发展模式也不尽相同。下面主要对英汉语篇模式进行对比。

（一）英语语篇模式

1. 叙事模式

叙事是指对社会生活中的人或事物的发展变化进行叙述与描写的一种模式。叙事通常采取第一人称或第二人称，一般情况下要将"5W1H"交代清楚，即 when（何时）、where（何地）、what（何事）、who（何人）、why（何因）和 how（何法）。

2. 匹配比较模式

匹配比较模式用来比较两种事物的异同点，常用于说明或议论。匹配比较模式的展开方式有两种：一种是整体比较，另一种是点对点比较。

3. 问题—解决模式

问题—解决模式的应用范围比较广泛，不仅出现在科学论文、新闻报道中，还出现在文学篇章中。完整的问题—解决模式包括情景、问题、反应、评价（结果）四个环节，但在实际应用中，这四个环节有可能会调整顺序或缺少其中某一个环节。

4. 概括—具体模式

概括—具体模式又称"预览—细节模式""综合例证模式"或"一般—特殊模式"。其具体的展开方式是开篇先进行概括陈述，然后用若干个例进行具体陈述，以说明概括陈述的合理性。

5. 主张—反主张模式

在主张—反主张模式中，作者通常先提出一种普遍认可的观点，然后对该观点进行反驳并说明自己的观点，多出现于辩论性质的篇章中。

（二）汉语语篇模式

1. 横向模式

汉语语篇的横向模式要求文中各个层次互不从属，平行排列。例如：

陈小手的得名是因为他的手特别小，比女人的手还小，比一般女人的手还更柔软细嫩。他专能治难产。横生、倒生，都能接下来。据说因为他的手小，动作细腻，可以减少产妇很多痛苦。大户人家，非到万不得已，是不会请他的，中小户人家，忌讳较少，遇到产妇胎位不正，老娘束手时，老娘就会建议："去请陈小手吧。"（汪曾祺《陈小手》）

本例正面说陈小手的医术高明，侧面则从大户人家对陈小手的态度上体现了主题。整个语篇的层次关系靠语义自然衔接，属于平行关系，具有横向模式的特点。

2. 纵向模式

汉语语篇的纵向模式要求各个层次之间具有连接关系，层层递进。例如：

听见有人喊："出海市了！"只见海天相连处，原先的岛屿一时不知都藏到哪儿去了，海上劈面立起一片从来没有见过的山峦，黑苍苍的，像水墨画一样。满山都是古松古柏；

松柏稀疏的地方，隐隐露出一带渔村。山峦时时变化，一会儿山头上现出一座宝塔，一会儿山洼里现出一座城市，市上游动着许多黑点，影影绰绰的，极像是来来往往的人马车辆。又过一会儿，山峦城市渐渐消散，越来越淡，转眼间，天青海碧，什么都不见了。原先的岛屿又在海上现出来。（杨朔《海市》）

本例描写了海市蜃楼从出现到消失的过程，采用了三种推进方式：按从大到小的方式描写山峦、山上的古松古柏、古松古柏后面的渔村；按从上到下的方式描写山峦、城市、人群；按从深到浅的方式描写海市蜃楼的消失。总体来看，全段层层递进，将海市蜃楼的出现和消失描绘得十分逼真。

3. 总—分—总模式

总—分—总模式在汉语语篇中出现得也比较频繁。具体来说，这种模式会在开头就点出主题，接着从细节处对主题进行说明、分析、描写或论证，结尾时则再次对主题进行概括。例如：

①盼望着，盼望着，东风来了，春天的脚步近了。

②一切都像刚睡醒的样子，欣欣然张开了眼。山朗润起来了，水涨起来了，太阳的脸红起来了。

③小草偷偷地从土里钻出来，嫩嫩的，绿绿的……

④桃树、杏树、梨树，你不让我，我不让你，都开满了花赶趟儿。

⑤"吹面不寒杨柳风。"不错的，像母亲的手抚摸着你……鸟儿将巢安在繁花嫩叶当中，高兴起来了……牛背上牧童的短笛，这时候也成天嘹亮地响着。

⑥雨是最寻常的，一下就是三两天……

⑦天上风筝渐渐多了，地上孩子也多了……

⑧春天像刚落地的娃娃，从头到脚都是新的，它生长着。

⑨春天像小姑娘，花枝招展的，笑着，走着。

⑩春天像健壮的青年，有铁一般的胳膊和腰脚，领着我们上前去。（朱自清《春》）

本例是《春》各段的主要内容。①是盼春，②到⑦分别从小草、树、雨、风筝等方面描绘了春天的景象，⑧到⑩则通过三个比喻歌颂了春天，总括了全文。本例充分体现出总—分—总模式的特点。

通过以上分析不难看出，英语与汉语在语篇发展模式上各有特点。总体来说，英语语篇多用显性连接方式，各种连接成分使语篇成为一个有形的网络。另外，英语语篇多采用演绎型思维模式，按照从一般到特殊的顺序先综合、后分析；而汉语语篇很少采取显性连接手段，语篇的中心意思也不是很突出，在很多情况下需要读者自己去揣摩、体会。

第三节 英汉语篇翻译技巧

英汉语言具有多方面的差异性，因此在进行篇章翻译的过程中，如果逐字逐句翻译难免会使译文生硬、不连贯。在实际的语篇翻译过程中，由于中英文衔接手段的差异，需要译者根据语言的特点对文章结构进行梳理，从而翻译出符合译语国家语言习惯的译文。下面分别通过段内衔接、段际连贯、语域一致三方面对英汉语篇的翻译技巧进行介绍。

一、保证段内衔接

由于英汉语言之间的差异性，在对原文进行翻译时，译者不能死译、硬译。这样会造成文章逻辑混乱、线索不明晰，最终影响整个篇章的结构和思想表达。

作者在进行文章的写作时，首先需要对文章进行总体上的布局，保证其整体性和连贯性。每一个连贯的语篇都有其内在的逻辑结构。因此，译者在翻译时也需要对语篇脉络进行分析，将语篇中的概念进行连接整合，进而使译文能够逻辑清晰，顺序明确。

在实际的语篇翻译过程中，译者可以使用具体的翻译技巧对文章段落进行内部的衔接和整合。

（一）替代与重复的翻译技巧

通常来说，英语段落是依靠词语的替代来进行句子与句子之间的呼应的，即使用代词、同义词、近义词以及代替句型等来替换前文出现过的词语；而在汉语段落里，句子间的呼应往往由重复的词语来完成。因此，在英译汉过程中，原文中替代的部分通常要用重复的手法翻译，即通过重复实现译文的段内衔接。例如：

Wrought iron is almost pure iron. It is not frequently found in the school shop because of its high cost. It forges well, can easily be bent hot or cold, and can be welded.

译文：熟铁几乎就是纯铁。熟铁在校办工厂里不太常见，因为价格很贵。熟铁好锻，很容易热弯和冷弯，还能够焊接。

在上面的英语原文中，用代词 it 替代了 wrought iron，实现了句子间的衔接。在中文译文中，译者通过重复的手法来进行句子间的衔接，即重复使用"熟铁"这一词语。

在进行汉译英的翻译过程中，由于汉语原文中出现的重复词语较多，因而需要使用替代的方法。

（二）省略部分的翻译技巧

省略现象在英语和汉语中都很常见。多数情况下，英语按语法形式进行省略，如省略名词、动词、表语、主谓一致时的主语或谓语等；而汉语则往往按上下文的意义进行省略，包括省略主语、谓语、动词、关联词、中心语和领属词等。前述内容提到，英语是重形合的语言，汉语是重意合的语言，从英汉对比的角度来看，英译汉时，许多英语原文中省略的部分，在相应汉语译文中就不能省略。例如：

A man may usually be known by the books he reads as well as[...] by the company he keeps: for there is a companionship of books as well as [...]of men; and one should always live in the best company, whether it be[...]of book or[...]of men.

译文：要了解一个人，可以看他交什么样的朋友，可以看他看什么样的书，因为有的人跟人交朋友，有的人跟书交朋友，但不管跟人交朋友还是跟书交朋友，都应该交好朋友。

上述英语原文中，共有四处省略现象。第一处省略了谓语 be known，第二处省略了名词短语 a companionship，第三处和第四处省略了名词短语 the best company。总体来说，这些省略都是语法层面的省略，对应的汉语译文中将这些省略部分都补充了出来，使译文读起来更为通顺、流畅。

（三）连接性词语或词组的翻译技巧

在对英汉篇章进行翻译的实践中，能够发现很多连接性词语或词组。对这些具有连接作用的词汇或词组进行准确翻译，不仅能够促进读者对文章结构和脉络的理解，同时还能加深读者对文章中心的感知。例如：

①表示举例或特指的 for example、for instance、in particular、specially 等。
②表示转折的 but、however、nevertheless 等。
③表示频率的 often、frequently、day after day 等。
④表示方向的 forwards、backwards、in front of、behind 等。

通过这些连接词或词组的使用实现段内或段落间的衔接与连贯。对于这些词的译法并没有统一的标准，有时会出现一词多译的现象，翻译时译者要根据上下文以及译语的表达习惯进行灵活翻译。例如：

I woke up the next morning, thinking about those words—immensely proud to realize that not only had I written so much at one time, but I'd written words that I never knew were in the world. Moreover, with a little effort, I also could remember what many of these words meant. I reviewed the words whose meanings I didn't remember. Funny thing, from the dictionary first page right now, that aardvark springs to my mind. The dictionary had a picture of it, a long-tailed, long-eared, burrowing African mammal, which lives off termites caught by sticking out its tongue as an anteater does for ants.

译文：第二天早晨醒来时，我还在想那些单词。我自豪地发现不仅自己一下子写了这么多，而且以前我从来不知道世界上存在着这些词。并且，稍加努力，我也能记住许多单词的意思，随后，我复习了那些难记的生词。奇怪的是，就在此刻，字典第一页上的一个单词 aardvark（土豚）跃入了我的脑中。字典上有它的插图，是一种生长在非洲的长尾、长耳的穴居哺乳动物，以食白蚁为生，像大食蚁兽一样伸出舌头捕食蚂蚁。

上述英文原文中，使用了表示时间的 the next morning，译为"第二天早晨"，表示递进关系的 moreover，译为"并且"。此外，译者依据上下文的需要，在译文中增译了表示时间关系的"随后"，以此实现句子之间的连贯。

汉语使用连接词和连词性词组的频率要低于英语。实际上，英语中的一些连接词和词组的相应汉译词汇也是汉语里常用的连接词和词组。汉译英中的连接词或词组的翻译也没有统一标准，如"虽然"一词可以译为 although/though、yet/and yet、in spite of、notwithstanding 等。因此，译者需要根据上下文的逻辑关系对其进行翻译。

二、注意段际连贯

语言片段以语篇意向为主线所形成的语义上、逻辑上的连贯性称作"段际连贯"。同段内衔接一样，段际连贯也可以通过替代、重复、连接词的使用、省略等手段来实现，也可以通过一定的时空、逻辑关系的贯通来实现。

因此，译者在翻译的过程中，必须把每个词、每句话都放在语篇语境中去考虑，正确推断上下文的逻辑关系，领会作者的意图，适当遣词，从而保证译文的意思清晰、明了。例如：

When I first started to look into the origins of the symbol, I asked a Turk about the history of their flag...

As an explanation, however, this is at odds with astronomical data... The rejection of this hypothesis on astronomical grounds is strongly supported by historical information that...

Going back in time, the next set of three hypotheses involves the fall of Constantinople on 29 May 1453...

译文：我最初开始研究星月图案起源的时候曾经问过一个土耳其的学生，问他土耳其国旗上星月图案的由来……

但是，这个土耳其学生的说法与天文资料的记载不符……从天文资料的记载来看，这个土耳其人的说法不成立……

追溯历史，关于星月图案，还有三种说法，都与 1453 年 5 月 29 日君士坦丁堡的陷落有关……

上述英语原文中使用了替代的手法来实现各段之间的衔接，如用 the symbol 替代 the star and crescent，用 this、this hypothesis 来替代 the origins of the symbol。汉语译文中则主要是靠重复的手段实现文章的连贯。

需要注意的是，翻译时为了使译文条理更加清晰，易于译语读者理解，译者需要改变原文的结构形式，对原文的段落进行适度的拆分与合并。

三、保持语域一致

语域指的是语言因使用的场合、交际关系、目的等的不同而产生的变体，涉及口头语与书面语、正式用语与非正式用语、礼貌用语与非礼貌用语等方面。

语域是篇章翻译中不可忽视的一个方面，一篇好的译文既要将原文的意义准确、完整地译出来，又要恰当地再现原文的语域特点。例如，给不同的人写信，语气就不相同，因而写信人与收信人的亲疏关系就可以从信的字里行间透露出来。因此，在进行翻译时就应了解与把握这种语域区别，以使译文能够再现原文的意图。例如：

Dear Peter,

Sorry to trouble you, but I've got a bit of a problem with that necklace I lost. They've found it but don't want to send it back—they expect me to come and pick it! I've written to their head office in London, but do you think there would be any chance of your picking it up for me next time you're in Brighton on business? If you can do it, phone me in advance so that I can authorize them to give it to you. You'd think it was the Crown Jewels, the way they're carrying on!

Best wishes, Mary

译文：

彼得：

麻烦你一件事，我遗失的项链出了个小问题。他们已经找到，但不愿寄给我——让我自己去取，竟有这事！我已经写信到伦敦总店，但不知你下次到布莱顿出差时是否可能帮我代取一下？如可行，事先给我个电话，我好授权让他们交给你。他们煞有介事，你准以为是凤冠霞帔呢！

安好，玛丽

上述信函原文使用的是一种非正式的格式。对原文通读可以发现其语气平易亲切，句法口语化，简单易懂，因此，可以推知这封信是写给朋友的。掌握了这种信息，在译文中也需要对原文的口语化特点进行忠实反映，从而更好地实现原文想要表达的效果。

需要指出的是，如果原文是正式的公函，在翻译时就需要使用正式的语言表达方式。

📖 思考与练习

一、思考题

1. 语篇的特点是什么？

2. 划分语篇类型对语篇翻译有什么意义？

3. 英汉语篇衔接手段有哪些？

4. 英汉语篇翻译技巧有哪些？

二、练习题

1. Educators have many arguments in defense of calculators, but each one ignores the reason that we teach math in the first place. Math trains the mind. By this I mean that students learn to think logically and rationally, to proceed from known information to desired information and to become competent with both numbers and ideas. These skills are something that math and science teach and are essential for adolescents to become thinking, intelligent members of society.

2. A few thousand feet west, a freight train rolled slowly toward the children. Overhead lights signaled to engineer Rich Compana that the passenger train ahead was out of the way, and they could resume their normal speed of 40 miles per hour. The engineer adjusted the accelerator, then turned to conductor Anthony, a man, medium in height and strongly built who had worked for Conrail for almost half of his 35 years.

第五章　文学翻译

语言、文化与翻译有着十分密切的关系。交际既离不开语言，也离不开文化。语言是交际的媒介，文化是交际的内涵。跨文化的语际交流离不开翻译。本章内容为文学翻译，介绍了科技文体的特点及其翻译、应用文体的特点及其翻译、论说文体的特点及其翻译、艺术文体的特点及其翻译。

第一节　科技文体的特点及其翻译

科技文体是以语言为介质、以科技知识阐述和传播为目标、以科研成果介绍和总结为内容的一种特殊的文体形式，它是伴随科技的产生发展而出现的一种文体。科技文体囊括了与科技知识有关的文字材料，包括科技理论和科学原理阐述、科研论文、实验报告、科技设施设备的性能和科研活动介绍等。

西方工业革命以后，科技迅猛发展，各国之间的交流越来越密切，基于此，从机械工业发展到医学、物理、化学、航空、军事等不同的领域的成果，也得以向世界不同的国家和民族进行传播和推广，从而优化了人们的生活。由于历史原因，当时的中国在科技方面远远落后于西方，所以很多科技文章和著作都源于西方，并且很多先进的科学技术文献资料都是用英语撰写的，因而科技翻译的方向主要是从外文到汉语的翻译，特别是从英文到汉语的翻译。

一、科技文体的语言特点

科技文体往往涉及科学和技术方面的内容，具体包括科技著述、科研论文、科研报告及科技情报资料等理论性文本资料，以及科技使用手册、会议资料、科技交流和会谈资料、科技影片和录像解说资料等应用性文本资料。

◆ 简明英汉翻译

由于科技文体涉及的主要内容是科学与技术的知识，因此，科技文体有其独特的语言风格和特点，包括客观质朴的语言表达、严谨规范的专业逻辑。科技文体通常表意清晰准确、句式精练严密，包括科技术语繁多、句式结构复杂、客观陈述多见等特点。

（一）专业的词汇

科技往往有其行业领域和范围的限制，因而具有极强的专业性特点，用词往往需要遵从行业和专业的实际与习惯，其所反映的信息往往更加准确具体。例如，我们谈到关于"污染"一词的翻译问题时，因其涉及的专业领域、方式及程度等不同，而存在着不同的表述，如表 5-1-1 所示。

表 5-1-1 "污染"一词英译的不同表达

汉语表达	英语表达	英语释义	汉语释义
（掺杂性）污染	contamination	make impure by unwanted substances or factors	指食物等因接触其他物质所形成的掺杂性污染
（自然环境浸润性）污染	pollution	of the undesirable state natural being environment contaminated with harmful substances as a consequence of human activities	指空气、水和土壤等自然环境因人类活动而融进了有害物质所造成的浸润性污染
（土壤的侵蚀性）污染	erosion	condition in the which earth's surface is worn away by the action of water and wind	指地球表面的土壤因风和雨水的冲蚀和位移所造成的侵蚀性污染
（金属的蜕变性）污染	corrosion	a state of deterioration in metals caused by oxidation or chemical action	指因氧化作用或者其他化学作用对金属所造成的蜕变性污染

科技领域往往会涉及最新的研究成果，因而常常会涉及一些专业领域的理论和概念，也会有新形成的理论概念，新发现和新创造的物质名称等，这些都会构成科技术语这些科技术语。有两种形式，一种是新创专业词汇，另一种是普通词义引申而来的专业词汇。

1. 新创的专业词汇

新创专业词汇是指人们在科研过程中对于专业领域新概念的产生、新现象的发现、新事物的发明等而阐发的新词语。

例如：Virtual Reality（虚拟现实），简称 VR，也叫灵境技术，是由计算机仿真系统创建出来的虚拟世界；rad waste（radio active waste）放射性废物；APC（Automatic Power

Control）功率自动调节器；BBS（Bulletin Board System）电子布告栏系统。

2. 引申的专业词汇

引申的专业词汇是指将普通词语借用到特定的专业领域而在普通词语的本义基础上产生出新义的词语。由于科技翻译涉及不同的专业领域，很多表示专业概念的词汇往往都是从普通词汇借用引申而来的，并在原词本义的基础上延伸出专业意义。因此，有些词语在特定的专业领域里的含义与普通含义有一定的差别，如表5-1-2所示。

表5-1-2　某些词语的普通含义与专业含义的区别

词汇	普通含义	专业含义	词汇	普通含义	专业含义
current	气流、水流	电流（强度）	housing	房屋	外壳、机柜、箱体
coat	外套	涂层、镀层	solution	解决方案	溶液
bench	板凳	钳工台	revolution	革命	旋转
power	权力、力量	动力（机械）、功率（物理）、幂（数学）			

（二）客观的表述

科技文章侧重叙事推理，强调客观准确，因而在英语中被动语态使用得比较多，以避免因使用第一、第二人称所造成的主观臆断。

例如，我们通常说"应当注意机器的工作温度"，英语习惯表达为"Attention must be paid to the working temperature of the machine."，而很少表达为"You must pay attention to the working temperature of the machine."。

在英语中，客观性表述有两种情形：一是避免使用带来联想的第一、第二人称代词，二是使用被动语态。

1. 避免使用人称代词

科技类文章往往追求客观性，以增强可信度，因此在表述时通常要避免使用带来主观联想的第一人称代词的单数形式和第二人称代词，如果要使用第一人称代词和第三人称代词，也通常是采用复数形式。

例如，"我们应该对地下岩石的地质构成进行勘测"的英文表述：

① We must survey the underground rock structure geologically.（主观性表述）

② A geological survey of the underground rock structure must be carried out.（客观性表述）

2. 使用被动语态

在英语中，被动语态的使用可以突出或者强调信息的重要性，还可以增加所表述信息的精确性。

① Electrons closer to the nucleus are held more tightly than those in the outer orbit.

译文：电子离核心越近就吸附得越牢。

② An electric current in metal is caused by the movement of electrons.

译文：金属内的电流是由电子运动引起的。

二、科技文体的翻译

科技文体追求的是客观真实性和可信度，因此在用词和句子结构方面都很讲究，追求表述的精准度。

（一）精准的翻译用词

我们先来看几个英语句子：

① It is said that morning exercises will do good to your health.

译文：据说早操对你的健康有好处。

② The doctor says that morning exercises will do good to your health.

译文：医生说早操对你的健康有好处。

③ Some doctors says that morning exercises will do good to your health.

译文：一些医生说早操对你的健康有好处。

④ Doctors say that morning exercises will do good to your health.

译文：医生说早操对你的健康有好处。

⑤ The expert says that morning exercises will do good to your health.

译文：专家说早操对你的健康有好处。

⑥ Experts say that morning exercises will do good to your health.

译文：专家说早操对你的健康有好处。

在这几个句子中，主语不同，有的表示单数个体（the doctor/the expert），有的表示复数群体的部分（some doctors），有的表示复数群体的全体（doctors/experts），有的表示部分了解情况的人员（doctor），有的表示深入研究的人员（expert），还有表示道听途说的（it is said）。这些词语的选用（doctor / expert），包括单复数的使用、限定词的使用（some）等，决定了表述内容的可信程度的高低。

同样，如果将句子中的动词由现在时（say/says）改成过去时（said），还会带来含义上的差别，因为英语中现在时表示客观的存在，因而在科技文体里常用现在时态。

可见，科技文体表述的精准在于词语的选用和语法的应用上。在翻译时既要注意选词表达的确切性，还要注意语法结构的合理性。

（二）客观的陈述语气

科技文章是对超越作者个人的主观意识的客观事物的阐述，要求语言表达既要通俗，又要客观、准确，因此，翻译时通常采用客观的陈述语气来表达。

①指南针是利用磁铁在地球磁场中的南北指极性而制成的一种指向仪器，它和通过差动齿轮结构运行的指南车不同。

译文：The compass is a navigational instrument to show the always-south-directed orientation by a magnetic bar or finger in the earth's magnetic field. It is quite different from the navigational vehicle running by the gear structure.

另外，为了体现客观性，科技文本的语言表达多采用现在时态，包括一般现在时、现在完成时和现在进行时等。

②作用力和反作用力大小相等、方向相反。

译文：The force of action and reaction are equal in magnitude, but they are opposite in direction.

（三）严谨的句子结构

科技文体主要是通过逻辑论证来实现表述的客观性，增强观点的可信度。因而非常注重句法结构上的逻辑连贯性，以达到表意上的明晰与畅达，避免主观上的随意性、臆想性表述。

在科技文体材料中，通常需要将主要信息前置，以凸显信息的重要性，体现严谨的关联逻辑性。

① Blasting tumors, zapping cataracts, slicing through soft tissue with a searing light, lasers have been used in medicine almost since they were invented 30 years ago.

译文：几乎自三十年前激光发明以来，激光产品就在医学上得以应用，通过灼光照射的方式来根除肿瘤，消除白内障以及切穿软组织。

在该例中，原文采用被动语态来体现客观性，用了 since 引导的时间状语、with 短语和 in 短语等表现结构的严谨逻辑性，使得句法连贯而不松散。翻译时，可以将原文中 lasers（laser 的复数形式）译成"激光产品"，还可以将激光产品作为主语，凸显主题。

② It is animals and plants which lived in or near water whose remains are most likely to be preserved, for one of the necessary conditions of preservation is quick burial, and it is only in the seas and rivers, and sometimes lakes, where mud and silt has been continuously deposited, that bodies and the like can be rapidly cover over and preserved.

译文：只有生活在水中或者水边的动植物，才最有可能把尸体保留下来，因为快速埋葬是保存的必要条件之一。只有在江海里，有时在湖里，泥浆和泥沙才会持续淤积起来，动植物尸体之类的东西可能被很快地掩盖而保存下来。

在该例中，原文用发挥不同功能作用的从句来实现句子结构的逻辑性，达到表述的严谨性。其中 which 和 whose 分别引导的定语从句修饰 animals and plants，for 引导的从句阐述原因，在 for 引导的原因从句中，又有 where 引导的地点状语从句修饰 seas and rivers, and sometimes lakes。翻译时，要注意理顺逻辑思路，分析各种从句修饰语的功能所在，避免因逻辑方面的错误理解而导致的误译和错译。

综上所述，科技文体主要是通过论述来阐明事理的客观性与逻辑性，达到令人信服的效果。因此，翻译时，坚持"对内容忠信"为最高原则，理解和把握原文的用词和意义，理清逻辑思路，分析功能联系，在不离原意的前提下，可以根据英汉语言在逻辑习惯方面的差异，作出适当调整，使得译文内容忠实、语言流畅，增强可读性。

第二节　应用文体的特点及其翻译

应用文体是指人们在工作、学习、生产和生活等方面进行信息传递和交流的文体形式，其直接服务于现实的生产生活，具有鲜明的现实性和实用性特点，其格式往往具有程式性和惯用性特点。

随着国际交往的日益频繁，译者对应用文体的翻译也越来越多。鉴于应用文体的特点，其信息传递和交流的交际性功能凸显，而读者对象具有普遍性，因此，翻译时应该以通俗和达意为翻译原则，即"俗达"原则，以传递信息为核心，做到言辞通达、表意准确、简明易懂。

一、应用文体的特点及其作用

应用文体是指应用于生产和生活实际的文体材料，即应用文，就是指"应"付生活、"用"于实务的文章。应用文体是指直接传递信息或服务的语篇类型。

应用文是人们在日常生活中经常使用的文体形式，是应用写作的成品。应用文的概念是由清代刘熙载最早提出来的，它主要区别于文学文体。"五四"时期，陈独秀提出的"文之大别有二，一曰应用之文，一曰文学之文"。人们给应用文体下过不同的定义，虽然说法不尽相同，其"应用"的范围和程度也存在差异，但都承认了"文体"的"应用"性质，从内容到形式，从适用范围到社会价值，都有其突出的文体特征。

（一）应用文体的类型范围

应用文体是人们在日常工作和社会生活中为处理公私事务所使用的具有直接使用价值和某种固定程式的惯用文体，其具有直接应用的价值，有约定俗成的要求，以及具有行文简洁的特点。它是人们进行思想交流、情报互通、问题解决和事务处理的实用性工具。应用文体是一种用途非常广泛的文体，从语言较随便的便条、语言简明的电报等到语言极其规范的公函、合同、协议等，都属于应用文体的范畴。

应用文体包括公文类、条据类、信函类、礼仪类、广告类等文书形式。

公文类文书主要指党政机关、社会团体、企事业单位、社会团体以及个人为工作、生产和学习的正常运作而制定的具有法律意义、进行公务联络、处理公共事务、记载公务信息的文件文书，如命令、批复、指示、计划、章程、规则、总结、报告等。

条据类文书是指人们在日常工作和生活交往中应用的具有凭据作用的文书形式，如假条、留言条、借据、收条、便条、托事条、馈赠证明等。

信函类文书是指人们在日常生活和工作中相互交流、沟通而使用的文书形式，如书信、表扬信、推荐信、慰问信、邀请函、感谢信、求职信、介绍信、证明信、申请书、聘书、履历、说明书、保证书、倡议书等。

礼仪类文书是指人们在社会交往活动中为礼仪目的或在礼仪场合使用的文书，如贺词、请柬、欢迎词、欢送词、悼词、讣告、唁电、碑文、各式对联等。

广告类文书是组织或者个人为了树立形象、推销产品和服务而通过媒体向公众发布信息和说明的公告性文本，如各类启事、广告、标语等。

（二）应用文体的功能特点

应用文体是人们用于交流思想经验、传递信息、沟通关系、处理事务的文本形式，往往是因事而写，为用而写，有用才写。应用文体最大的特色就是"实用"，因而其内容必须"真"。另外，应用文体具有对象明确、时间性强、讲求时效、格式固定、语言得体、文字简约的特点。

归结起来，应用文体具有以下几个共同特点，即文体的实用性、内容的真实性、体式的规范性和语言的简明性。

1. 文体的实用性

应用文体的实用性是指该类文体在处理公共事务和私人事务中具有实际应用的价值，它包括内容的现实性和时效性。

内容的现实性是应用文体最重要的特点，即应用文体讲究"实用"，文章的内容要直接面对现实问题，首先要明确地摆出问题，继而要提出解决问题的具体意见、措施或办法。其实用性是判断文章质量高低的尺度和标准。

应用文体的实用性还表现在文章的时效性上。应用文体的时效性是指该类文章受时间的限制和约束，超过一定的时间期限，文章就会失去其实用价值。

应用文强调实用性，为了使读者对内容一目了然，一定要做到条理清晰、层次分明、针对性强。

2. 内容的真实性

应用文体内容的真实性是指该类文章的内容必须是以实事为依据的，不得虚构和杜撰，文中所设计的事实和数据材料等都要真实、准确，不得有任何的艺术加工，否则将承担不真实带来的后果。应用文体最大的特点就是实用性，不管是用于什么目的都有很强的针对性。因此，应用文的语言必须简练准确、直截了当，就事论事，不作不必要的虚饰和自由发挥，力求高雅而不晦涩，平实但不平庸。

3. 体式的规范性

应用文体体式的规范性是指该类文体因目的不同而需要选用不同的文种和适应不同的格式要求。应用文体种类繁多且各自都有相应的规定和要求，不能乱用。应用文体体式的规范性主要表现在两个方面：一是文种的规范，即为不同的目的而选用不同的文种；二是格式的规范，即不同的文种有不同的格式规范和要求，不能随意变更。应用文在长期的交际、应用中逐渐形成了一些固定的格式。例如，就结构来看，不同文体的规范各不相同。

条据：由条据名称、条据内容、经手人姓名、出具条据的日期四部分组成。

书信：由称呼、信的内容、问候语、写信人姓名、日期五部分组成。

合同：由标题，双方单位名称（注明甲、乙方）签订合同的目的，双方议定的条件（双方的权利和义务，以及违约责任），合同份数，分发情况，签订合同双方的单位名称、代表姓名及见证单位名称、代表姓名签名盖章，签订合同的日期七部分组成。

以英语商务信函为例，英语商务信函主要由信头、日期、信内地址及名称、称谓语、正文、结束语和签名等几个主体部分构成。

信头：写信方公司的名称、地址、电话、传真等常用联系方式。商业信函大多使用印有信头的公函信笺。

日期，即写信的日期：英语中日期的标示有英式和美式之分。英式标注按月、日、年的顺序；美式标注按日、月、年的顺序。由于存在两种不同的标注方式，所以，为了避免误解，在标注日期时月份最好用字母拼出来或用简写，如 Oct，8，2006 或 8，Oct，2006，而不要简单写为 10/8/2006 或 8/10/2006。

信内地址及名称：写在信纸的右上角，编号和日期下方。按公司名称或收信人姓名、职务；住宅或办公大楼名称、号码；所在街道或路的名称；省（市）名称及邮编；国家名称等从小到大的顺序排列。在一般的英文书信中这部分可以省略，但是在正式商务信函中，此项不可免。

称谓语：如果知道对方姓名，就用 Dear Mr. X 或者 Mrs. X 或者 Miss X 或者 Ms. X；如果不知道对方姓名，可用 Dear Sir 或者 Dear Madam，也可用 To whom if may concern；如对方职务较高，最好用其职务名称，如 Dear Prof. Smith，Dear Dr. Henson 等。称呼一家公司就用 Dear Sirs 或 Gentlemen（注意是复数形式）。

正文：正文即信的主体部分，一般包括写信的原因、目的、己方的要求、对对方的期盼等内容。

结束语：英文中结束语一般用 Yours sincerely，Yours faithfully，Yours，Sincerely 等。值得注意的是，结束语应该和称谓语相匹配，如果称谓语用 Dear Sir，Dear Sirs，Dear Madam，结束语就应该用 Yours faithfully；如果称谓语用 Dear Mr. John，Dear Mr. Smith 等，结束语就应该用 Yours sincerely。

签名：签名后书信才能够让对方信服，才具有法律效力。

附加部分：有时可以根据实际需要对信函的次要内容和遗漏的内容进行增补，包括附件、再启（附加遗漏内容）、抄送等。

4. 语言的简明性

应用文体语言的简明性是指为了节约时间，提高办事效率，该类文章应该以言明事实、解决问题为主旨，在语言上力求简洁、明确，避免使用一些不切实际的赘述。

简明就是用最少的文字表达尽可能多的内容，做到"文简而义丰"。简明的语言要以清晰的思路、较好的分析概括能力和较高的文字修养为基础，能根据具体情况灵活处理，做到叙述平直、说明扼要、议论精当。译者要掌握一些相关的特定用语，而且要避免使用一些生僻的词语。

另外，语言的表述要得体。应用文体包括以下五种语体：庄重体、正式体、商洽体、随意体、亲密体等。

由于应用文的应用范围广，写作目的丰富多样，写作对象的身份不同，应用文的文风十分灵活，要根据写作的目的和对象的身份采用适当的语言，以求得体。语言的运用要与行文的目的、内容、对象、条件等特定需要相适应，在准确表达的基础上，使行文对象产生与行文目的一致的心理效应。语言或严肃，或亲切，或委婉，或恳切，或威慑等。语言得体的基本要求：一是要适应行文的语体风格，如告知性的文章应简明，请示性的文章应恳切，商洽性的文章要委婉等。二是要分清与行文对象之间的关系，要注意使用雅语、敬语等，掌握好分寸。三是要注意运用相关的专用语。

应用文体语言的简明性主要是通过以下几种途径来完成和实现的。

①为了表意清晰，行业术语和套语使用频繁。术语往往是由一定的行业协会审定并在该行业内普遍使用的概念或者词语。国内外均以标准文件的形式公布审定的术语，因此术语具有鲜明的行业特征，不可随便翻译和使用。例如，汉语术语"泡罩包装机"的英文表达是 blister packing machine，而不能随意用 foam 来代替 blister；汉语"投标资格预审"的英文表达是 prequalification 或者 prequalifying，而不是 investigation of bidding qualification；"方箱机"的英文表达是 platen press，而不是 square box machine；"（企业中的）联营体"是 joint venture，而不是 co-operating unit；等等。

②为了表意明确，有时需要用词正式。在一些正式场合，文本往往需要体现出严肃性和高雅性，因而在行文时需要使用一些正式的和专业的用语才能传递出准确无误的意思。

③为了表意严谨，长句与扩展句使用较多。由于应用文体涉及生产领域、科技知识、法律规范等，因而需要明确而严谨的表意。有时为了表意明确，需要使用长句和扩展句来理顺逻辑，传递意义。

（三）应用文体的功能与作用

应用文在不同的社会，不同的历史时期，以其不同的内容和形式发挥着不同的社会作用。在现阶段，它的社会作用主要表现在以下几个方面。

1. 广告宣传，指导工作

有些形式的应用文体是为了达到宣传教育或者指导工作的目的，教育和指导人们对某种行为在可行性与不可行性、合法性与非法性、合理性与不合理性等之间作出选择。

2. 传递信息，处理事务

传递信息和处理事务是应用文体的主要功能。人们往往通过信息的发布和传递来完成事务处理的任务。例如，便条是在不面谈的情况下为了传递信息而写的一种条据。

二、应用文体的翻译

应用性文本的基本功能是记载人类社会的规约性信息。与文学文本翻译相比，应用文本翻译的本质在于"信息"的传递，强调真实性，重视信息传达的效度。然而，信息传达的效度取决于民族语言文化中的传统模式、价值观念、心理期待、认知能力、社会关系以及文本类型等制约参数。在翻译时只有全部或者部分满足这些制约参数才能达到信息传递效度的最大化，因此，应该将应用性文本翻译视为一个可调节的动态信息传递过程。

应用性文本的翻译往往因为类型不同而有所侧重。例如，公文类文本注重言辞的准确性和格式的规范性；条据类文本注重内容的完整性和表述的严谨性；信函类文本注重对象的针对性和语言的通俗性；礼仪类文本强调格式的程序性和言辞的恰当性；广告类文本注重内容的可接受性和语言的诱导性。在翻译时，可以根据文本类型的应用目的和意图来决定翻译的实施策略和原则，要么侧重语言结构的严谨性，要么强调用词的精准性，要么重视风格的程序性，采用简化、调整、修正、套用等方法以适应译语的语言文化习惯和读者的心理特点，做到言能达意、式能得体，达到实际交流的目的。

（一）公文类文本

公文类文本是指一定的机关与组织在进行公务交流活动时，按照特定的程序和体式所形成的书面材料。公文类文本主要包括机关和组织的命令和决定、公告、通知、通报、请示、批复、公函、纪要等。

公文类文本由以下几个部分组成：文件头、标题、发文字号、正文、签发人、报送机关、成文日期、印章等。

公文类文本一般要求：在内容和程序上要具有合法性；在形式和格式上要具有规范性；在逻辑上要具有严谨性；在语言上要具有简明性；在语体风格上要具有庄重性；等等。

在通常情况下，公文类文本用于在机关系统内部传递政策、规定和指令信息，通常不需要进行翻译。但有时为了某种目的需要了解相关信息，或者为其他企事业单位和个人出具证明，或者提供某种政策、规定等的阐释时，也需要对其进行翻译。

（二）条据类文本

条据类文本是指为一定凭据目的而书写的简短信息文本。条据类文本主要包括两大类别，即凭证式条据（如借条、欠条、领条、收据）和说明式条据（如请假条、留言条、托人办事条）。

凭证式条据是为日后作证明的条据式文本，其主要功能是起到证据支撑和说明作用。这类文本要注意关键信息，如时间、地点、（款物的）数字、人员名称等。在翻译这类文本时，要特别关注相关重要信息的表达。

说明式条据是指为某事或者某行为的实施而给目标读者留下的书面信息文本，其主要功能是向他人解释、说明某一事物或向他人发出请求。在翻译说明式条据时，要注意信息的准确性。

（三）信函类文本

信函类文本是指人们为了进行非面对面的信息传递和事务处理时所撰写的书面文本。信函类文本主要包括公务信函、私人信函和商务信函等，其中私人信函主要涉及个人的感情和事务交流，在此不作讨论。

公务信函主要是指政府机关之间、政府机关与企事业单位之间为处理有关事务而形成的书面文件。如果是由政府机关为企事业单位或者个人所出具的证明性文本材料，则属于公文的范畴。

商务信函是指在日常的商务往来活动中用以处理商务事宜而进行相互联络和信息沟通的信函文书材料。商务信函主要包括建立业务关系函、询价函、商洽函、通函等。信函的语言特点是准确、简洁、礼貌等。

1. 准确

信函的内容往往涉及双方的利益，存在着直接的利害关系，因而要求信息完整、表达精确，不仅要求用词精准、语法规范，甚至连标点符号都要做到准确无误，以免造成歧义、误解等而引起不必要的麻烦。

2. 简洁

信函对所要涉及的事项必须有具体明确的表述，鉴于篇幅和时间的限制，应该避免烦琐与冗长的表述，尽可能地用最少的文字表达最完整的意思，做到精准、简明，避免因烦琐带来误解与歧义。

3. 礼貌

信函是进行人际沟通的工具，为尊重对方而使用礼貌得体的言语表达，容易获得对方的认同感，既有利于双方有效的沟通，也有利于关系的建立、维持与发展。在翻译这类文本材料时，要做到表述准确、礼貌尊重、格式规范。特别是在翻译过程中，要注意格式的归化处理，以迎合译文读者的习惯，并获得他们的好感，拉近关系。

（四）礼仪类文本

所谓礼仪，即礼节和仪式。礼仪类文本是指人们在社会交往活动中以尊重对方为要旨，在行文中遵守和顺应相关的礼仪规范的文本形式。这些礼仪强调格式的程序性和言辞的恰当性，包括称谓方式、排列的先后次序、礼貌用词等。

（五）广告类文本

广告类文本是指以社会公众为对象，以推广某种理念或者产品为目的而形成的口头或者书面信息文本。广告包括以推广观点信念为目的的公益广告，以及为了推销某种产品或者服务为目的的商业广告。

广告类文本具有自身的特色：首先是目的性，以传播和推销理念或者产品为目的；其次是诱导性，通过对语言的合理有效使用，从心理上对目标顾客形成诱惑性；最后是简洁性，鉴于篇幅与时间的制约，往往通过浓缩的语言来传递丰富的信息内涵。

在翻译广告类文本时，既要准确再现原文中诱导性的用词和表述，还要注意含义的明确和表述的简洁。在翻译时，既要符合目的语的表达习惯，又要简洁明了，最好采用归化性的表述，包括合理恰当的选词、流畅优美的表达和通俗简洁的风格。

1. 合理恰当的选词

在翻译广告类文本材料时，要关注选词表达的合理性与恰当性。我们常常看到一些词不达意的广告类文本的翻译，比如，将"停车场"的标牌译成了"Park（公园）"，而实际应该表达为"Parking Lots"或者"Parking Area"。英语单词"park"作名词是"公园"的意思，而作动词是"停放（置）"的意思，而停车是一个操作行为，因此用动名词 parking 为宜。

2. 流畅优美的表达

发布广告的目的是完成思想观念和产品的推广。广告语具有一定的审美诱导性特点，既要表意准确，又要有一定的审美情趣。例如，在翻译公益广告"学高为师，身正为范"时，应尽量照应到原文的对仗性修辞风格，英语适当采用平行结构的表述就可以达到此目的，翻译表达为"Teacher is the source of knowledge and the model of virtue."。

在商业广告中，我们也可以用传递审美的方式来达到其诱导性的目的。例如，一则鞋业广告："穿上'双星'鞋，潇洒走世界。"原文用了"鞋"与"界"的押韵来增强其韵味和流畅性。译文"'Double Star' will take you afar."，采用"star"与"afar"押韵来再现其韵味和流畅性，且"afar"的使用，既表现了鞋的功能，又体现了良好祝愿，满足了顾客在物质和心理上的需求。

3. 通俗简洁的风格

广告类文体材料往往要受到时间和篇幅的限制，因此语言文字的表述通常以简约为原则。在翻译时，既要保持简约的风格，同时还要迎合目的语读者的认知需要，做到通俗易懂。例如，公益广告"请勿随地吐痰（No Spitting）""请勿践踏草坪（Keep Off the Grass）"；电梯紧急操作规程（Emergency Operation for Elevator Usage）；入住须知（Notice for Check-in）；退房须知（Notice for Check-out）等。

第三节　论说文体的特点及其翻译

一、论说文体的特点

论说文是以议论和说明——"议论"着重阐述主张，说明道理；"说明"着重说明事物，讲清道理——为主要表现手段的文体。它也是书面语体中应用很广泛的一种文体。它可以包括一般社会科学的论著，研究报告，文献资料及报刊的社论、评论等。它的主要目的是阐述和说明。此外，一些演说词也属于这一类。演说词虽然采用口头的形式来表达，但是，较为正式的演说词却不用口语化的语言，而用书面语言。

论说文体的主要特点是语言庄重、结构严谨，在句法上的特点是句式复杂、长句多。在翻译中要注意以下特点。

（一）语言庄重，结构严谨

由于论说文一般用于很庄重的场合，所以用词十分讲究，常常使用较为抽象、概括的词语，给人以端重的感觉，使用口语中的轻俏、随便的词语及俚语、俗语比较少，以使文章不失去持重感。因此，使用源于拉丁语、法语以及其他外来语的词较多。例如：不用 eye 而用 ocular（眼的），不用 mouth 而用 oral（嘴的），不用 mind 而用 mental（内心的），不用 moon 而用 lunar（月亮的），不用 town 而用 urban（城市的），等等。

试看下面这篇短文的语言特点：

What characterizes almost all Hollywood pictures is their inner emptiness.This is compensated for by an outer impressiveness. Such impressiveness usually takes the form of a truly grandiose realism. Nothing is spared to male the setting, the costumes, all of the surface details correct. These efforts help to mask the essential emptiness of the characterization and the absurdities and trivialities of the plots. The houses look like houses; the streets look like streets;

the people look and talk like people; but they are empty of humanity, credibility, and motivation. Needless to say, the disgraceful censorship code is an important factor predetermining the content of these pictures. But the code does not disturb the profits, nor the entertainment value of the films; it merely helps to prevent them from being credible. It isn't too heavy a burden for the industry to bear. In addition to the impressiveness of the settings, there is a use of the camera which at times seems magical. But of what human import is all this skill, all this effort, all this energy in the production of effects, when the story, the representation of life is hollow, stupid, banal, childish?

从这段短小的论说文中，我们可以看到大量的抽象词，如 emptiness、impressiveness、characterization、absurdity、triviality、humanity、credibility、motivation、censorship、factor、entertainment、value、representation，以及一些来自法语的词，如 grandiose、banal 等。

不仅如此，它的句子结构也比较严谨，很少有跳脱的现象，没有省略句，语法十分规范，没有不合语法的句子，所以在汉译时，也必须注意以上的特点，无论用词还是造句，都要注意其持重性和严谨性。

译文：内容空虚几乎是所有好莱坞电影的特征。这种空虚被具有感染力的外表所掩盖。这种感染力通常以地道的、夸张的写实手法表现出来。为了使布景、服装和一切表面细节准确无误，他们不惜一切代价。这些做法有助于掩盖人物性格描写方面的实质性的空虚以及情节的荒唐和烦琐。房子看上去就像房子，街道就像街道，人讲起话来就像是人，但是他们缺乏人性，缺乏可信性，缺乏激发力。不用说，在审定这些影片的内容方面，不光彩的检查制度是一个重要因素。但是，这个制度不会影响获取利润，也不影响电影的娱乐价值，只会损害电影的可信性。这种制片方式对电影业来说并不是负担不起的负担。除了布景的感染力外，摄影机的使用技巧有时似乎也很神奇。但是，如果故事——生活的再现是空洞的、愚昧的、平庸的和幼稚的，那么促成这些电影效果中的一切技能、一切人力、一切物力对于人类还有什么意义呢？

译文注意使用一些抽象的词语，如"人性""可信性""特征""感染力""写实手法""实质性""激发力"等概念性词。同时也注意了语句之间的逻辑关系，如最后的反诘性的句子，改变了原文的次序，使之更合乎汉语的语言逻辑习惯。原文的论述是层层深入的，译文也注意到了原文的逻辑性和完整性。

论说文的文字结构十分严谨，逻辑性强，十分注意布局谋篇，注重完整性。例如：

An opinion prevails, which neither wants the support of respectable names nor of plausible reasonings, that the art of poetry, in common with its sister arts, painting and sculpture, cannot in the present age be cultivated with the same degree of success as formerly. It has been supposed that the progress of reason, of science, and of the useful arts has a tendency to narrow the sphere of the imagination, and to repress the enthusiasm of the affections. Poetry, it is alleged, whose office it was to nurse the infancy of the human race, and to give it. Its first lessons of wisdom, having fulfilled the part to which she was appointed, now resigns her charge to severer instructors. Others, again, refining upon this idea, maintain that not only the age in which we live must fail to produce anything to rival the productions of the ancient masters of song, but that our own country, of all parts of the globe, is likely to remain the most distant from such a distinction.

译文：有人以为：诗歌同它的姊妹艺术——图画和雕刻一样，业已没落。我们这个时代再也写不出像从前那种好诗了。这种见解现在很流行，用不着举出大人物的名字来替它标榜，也用不着振振有词地替它找理论根据。按照他们的看法，近代理智发达、科学昌明、实用技艺进步，结果人类想象力的范围日趋狭仄，而人类情感的活力也受到压制。据说，在进化的初期，人类的精神需要用诗歌来陶冶，人类的智慧需要诗歌来启发，但垂及近代，诗歌功成身退，诗歌保姆的任务就让位给科学和工艺几位严师来担任了。另外还有些人对此做更进一步的发挥：他们不但主张我们这个时代写不出可以和过去颉颃的诗歌杰作，而且以为：在全球各国之中，美国和诗歌最无缘分，最不可能产生伟大的诗歌。

我们上面所列举的是一篇驳论文，文章一开始提出一种反面观点。在这一段中，虽然尚未开始批驳和立论，但就反面观点的提出方法来看，就可以看出文章结构的严谨了。文章第一句话便开门见山地提出一种十分流行的反面观点，这也正是作者准备批判的观点；第二、三两句提出产生这一观点的原因，这为下面的行文展开批驳提供了出发点；第四句指出这种错误的观点在美国最为典型，这为作者提供了批驳的理由。论说文的结构就是这样层层深入、环环相扣的，所以在翻译论说文时，要十分注意文章的整体性和上下的逻辑关系。

（二）句式复杂

因为论说文的作者意在解析思想、阐发观点、展开争论，因此，文章内容往往比较复杂，为使内容缜密、减少纰漏，作者用扩展性的句子比较多，所以，长句、复句常常出现，常常有多枝共干的复杂句式。所以句式复杂是论说文的第二特点。

例如：

Just as Darwin discovered the law of development of organic nature, so Marx discovered the law of development of human history: the simple fact, hitherto concealed by an overgrowth of ideology, that mankind must first of all eat, drink, have shelter and clothing, before it can pursue politics, science, art, religion, etc. that therefore the production of the immediate material means of subsistence and consequently the degree of economic development attained by a given people or during a given epoch form the foundation upon which the state institutions, the legal conceptions, art, and even the ideas of religion, of the people concerned have been evolved, and in the light of which they must, therefore, be explained, instead of vice versa, as had hitherto been the case.

译文：正如达尔文发现有机自然界的发展规律一样，马克思发现了人类历史的发展规律，即历来为繁茂芜杂的意识形态所掩盖着的一个简单事实：人们首先必须吃、喝、住、穿，然后才能从事政治、科学、艺术、宗教等；所以，直接的物质生活资料的生产，以及随之而形成的某个氏族或某个时代的经济发展程度，便构成一定的基础，而该民族的国家制度、法的观点、艺术以至宗教观念就是从这个基础上发展起来的，因而，也必须根据这个基础来解释，而不是像过去那样做得相反。

在这样一个段落里，虽然包括一百多个词，但它仍是一个句子，一个很长的句子，这里包括了多种从句，如状语从句、同位语从句、定语从句等，句子本身得到了充分的扩展，这样做的目的就是使问题清楚、意义完整。所以在翻译中最主要的是分清主次，摸清脉络，理顺关系，然后再译，使得译文能忠实于原文的各层意义和总体意义。

翻译长难句，首要问题是抓住主题、理解清楚，如果理解不好，分不清层次，必然会出现误译。理解长难句的方法：第一步，紧缩主干，在芜杂纷纭的句子中抓住主干，删繁就简，把它缩成基本句型，这就抓住了主要矛盾；第二步，辨析词义；第三步，弄清层次关系。

二、几种常见论说文体的翻译

（一）论说文的翻译

由于论说文有语言庄重、结构严谨、长句多、逻辑性强等特点，所以在翻译中就应十分注意理解原文的思路，弄清逻辑关系，注意译文行文的严谨，并正确掌握词义。

首先，在翻译前要反复阅读原文，加深理解，弄清作者的基本立意，抓住作者的基本观点，掌握作者论证的方法，以及各个环节的彼此联系，一定不能看一句、译一句，这样，往往会产生误译，或者，即使译得意思不错，但缺乏连贯性，使上下文的逻辑关系显示不出来。所以，在阅读中，不仅要注重分析语言形式，更要注重对文章内在思维逻辑和论证脉络的研究。

一般说来，论说文是由论点、论据和论证三个要素组成的。论点是统帅全篇的，是篇章的灵魂，所以在翻译论点部分时，一定注意语言的准确性和鲜明性。有时，论点是以明确的语言概括出来的，这样的文章无疑为翻译工作者提供了方便。但也有的是渗透全篇，须读者自行提炼的，这自然要求我们在理解原文的过程中做到心中有数，不能在不知所云的情况下动笔就译。

在翻译论据的过程中，要注意作者的立场、观点，注意引文的翻译，如果原作中引用了经典作家的话作为论据，一定要查找该引文的权威性译本的翻译，切不可自行翻译。例如，原文中引用了马克思或恩格斯的话，我们应参照《马克思恩格斯全集》（或选集），看看是怎么译的。

论证部分的翻译，先要理解原作者是采用什么样的方法进行论证的，例如，是采用"归纳推理"还是"演绎推理"。这样做的目的是使译者清楚地知道和掌握原作的思维逻辑和脉络。

其次，在表达时，要注意用词的准确性。当然，用词准确是对所有翻译的要求，但是对论说文来说尤为重要。例如，毛泽东的著作在中外都有译本，但从用词准确这一点来说，国外的译本就远不如国内的译本，如"'打得赢就打，打不赢就走'，这就是今天我们的运动战的通俗的解释"，英国的一个译本译作"Fight when we can win and run away when we cannot—this is the popular interpretation of our mobile warfare today."。

这里"走"译为"run away"就很不妥当，因为 run away 是"逃跑"的意思。这显然是违背原意的，所以应译为 move away。

由于论说文是典型的书面语，所以，译文也要注意语言的庄重性，避免使用俗语、俚语及口语化强的词语，当然，原作中有意使用的除外。

最后，也要注意原作的用词倾向、风格和体式，尽量做到译文与原文的一致性。虽然，论说文大体上是庄重、典雅的，但不同作者也仍带有个人的风格，翻译时也应予以注意。

（二）演讲词的翻译

演讲是演讲者利用有声语言并辅之以一定的姿势、表情和动作向广大公众发表自己的主张、表明态度、抒发情感，从而达到感召群众、动员群众的目的的一种社会实践活动。它是一种特殊的语言活动，也可说是语言艺术。

演讲虽是以口头形式发表，但就演讲词的文体风格来说，应属于书面体，或是书面和口语相结合的这样一种文体。

一篇好的演讲词，应该能够起到宣传真理、传授知识、培养智慧、陶冶情操的重要作用，它在语言上应具有通俗易懂和感染力强的特点。

在翻译演讲词时，要充分考虑到这种文体的特点。在词的选择上，要特别注意词义精当，表达出原作的细微感情；在句式的安排上，要注意长句和短句，整句和散句的合理调配，尤其是在英译汉中遇到较长句子时，往往要拆成汉语的短句，以利于口头表达；在修辞上，应充分考虑和尽量保持原文使用的各种修辞手段，以更好地体现原文的文体风格。

以下我们通过几个著名演说词的片段来体会演说词翻译的特点。

① This Fourth of July is yours, not mine. You may rejoice, I must mourn. To drag a man in fetters into the grand illuminated temple of liberty, and call upon him to join you in joyous anthems, were inhuman mockery and sacrilegious irony.

Fellow citizens, above your national, tumultuous joy, I hear the mournful wail of millions! Whose chains, heavy and grievous yesterday, are, today, rendered more intolerable by the jubilee shouts that reach them.

以上两段选自美国著名废奴主义者道格拉斯 1852 年在纽约罗彻斯特市举行的美国独立纪念日集会上发表的演说。他用深沉的语调、鲜明的对比深刻地揭露和控诉了美国种族主义者对黑人的迫害，反映了美国黑人的悲惨境遇。

译文：这个 7 月 4 日是你们的，而不是我们的。你们可以高兴，而我们应该悲伤。把一个身带镣铐的人拖进这宏伟辉煌的自由殿堂里，让他和你们一道唱欢乐的颂歌，这简直是无人道的戏弄和亵渎神明的讽刺。

同胞们！在你们举国狂欢声后面，我听到了千百万人悲哀的恸哭声！他们身上背着的锁链原已十分沉重，令人难熬，而在今天听到你们的欢呼喧嚣声时，就变得更加叫人无法忍受了。

这段译文在选词上注意了对比鲜明，反映了原文深沉而强烈的感情色彩。

② We have before us an ordeal of the most grievous kind. We have before us many, many long months of struggle and of suffering. You ask, what is our policy? I will say: It is to wage war, by sea, land and air, with all our might and with all the strength that God can give us: to wage war against a monstrous tyranny, never surpassed in the dark, lamentable catalogue of human crime. That is our policy.

You ask, what is our aim? I can answer in one word: Victory—victory at all costs, victory in spite of all terror, victory, however long and hard the road may be; for without victory, there is no survival. Let that be realized; no survival for the British Empire, no survival for all that the British

Empire has stood for, no survival for the urge and impulse of the ages, that mankind will move forward towards its goal.

But I take up my task with buoyancy and hope. I feel sure that our cause will not be suffered to fail among men. At this time I feel entitled to claim the aid of all, and I say, "Come, then, let us go forward together with our united strength."

温斯顿·丘吉尔（1874—1965）是20世纪英国一位突出的政治代表人物。他在第二次世界大战初期德国法西斯占领欧洲大片土地，战火已危及英国时，受命组阁，出任了战时联合政府的内阁首相。他不但以政治家的雄才大略著称于世，而且以他出色的雄辩天资闻名遐迩。这里选用的是他担任首相三天后在下院发表的第一篇演说的结尾部分。

译文：我们正面临着最艰苦的考验。在我们前面将是长时间的斗争和磨难。你们问，我们的政策是什么？我说，我们的政策就是用上帝所能给予我们的全部能力和全部力量在海上、陆上和空中进行战争；就是要对那人类史上最黑暗、最残酷的罪恶暴行进行战争。这就是我们的政策。

你们问，我们的目的是什么？我可以用两个字来回答：胜利——不惜一切代价去争取胜利，不顾任何恐怖去争取胜利，不论路途多么遥远和艰险也要去争取胜利，因为，没有胜利，就没有生存。必须认识到：没有胜利，就没有英帝国的生存，就没有英帝国所代表的一切，也就没有使人类朝着自己目标前进这一世世代代的强烈愿望和动力。

但是，在我承担我的重任时，我心情振奋，充满希望。我确信，我们的事业不会失败。此时此刻，我认为我有权要求大家的帮助，我要说："来吧！让我们团结起来，共同前进吧！"

丘吉尔的这篇演说取得了巨大的成功，对全国以至于盟国都起到了很大影响。他在演说中用精辟的语言表达的句子有的已成为不朽名言，例如，"I have nothing to offer but blood, toil, tears and sweat."译为"我没有什么可以贡献，有的只是热血、辛劳、眼泪和汗水"。在上段中用了好几处排比句，如"Victory at all costs, victory in spite of all terror, victory, however long and lard the road may be...", 又如几处用了并列的"no survival for..."。在译文中，亦尽量采用了这种修辞手段，如"不惜一切代价去争取胜利，不顾任何恐怖去争取胜利，不论路途多么遥远和艰险也要争取胜利"，以及"没有胜利，就没有……，就没有……"，这样能更好地反映原文的风格，也能更忠实地译出原意。

当然，除以上所述演讲词的一般特点外，还有演讲者本人的风格和特点，例如林肯的演讲是以措辞简练、朴实无华、行文完美为特点，肯尼迪则是以语言生动、感情奔放、鼓动性强为特征。这些也是译者在翻译时要注意的。

（三）新闻报刊的翻译

由于新闻报刊的内容涉及十分广泛，如新闻报道、社论、述评、特写、科技性文章、文艺作品、广告等，所以，不可能采用统一的文体。其中文艺作品可属于艺术文体，科技性文章当属于科技文体，我们可以参考这两种文体的翻译。而社论、述评、新闻报道之类基本上可以列入论说文体之中，但它们又有自己相应的特点。

新闻报刊中，有一些词语是经常出现的，它们在上下文中有其特殊意义，这些词语被称为"新闻词语"，如 nadir 通常指"两国关系的最低点"，story 常指"一则新闻"，compromise plan 指"折中方案"等。同时，新闻报道中，还有一些约定俗成的套语，例如：no comments（无可奉告）；according to sources concerned（根据有关方面报道）；informative sources（消息灵通人士）；quoted（cited）as saying（援引……的话说）；等等。

另外，新闻报刊为加强宣传效果，常常使用强调词、典故词、比喻词、生僻词、俚俗词、连缀词等，有时自己造词，表示"出语不凡"，给人以新奇感。例如，有一家食品商为他的饼干作广告将 biscuit 改为 triscuit，意思是他的饼干制作方法与众不同，要经过"三次烘烤"（因为 bi- 有"二""双"之意，而 tri- 有"三"之意）。

在句法上，新闻报道上的文字是力求简明，给人以思路清晰的印象，所以简单句使用较多。为了给读者一种"直接感"，所以文章多用主动语态，辅以被动语态，且多用直接引语和间接引语，给读者以"客观性"。

在翻译新闻报刊的过程中，无论是新闻报道、述评，或社论文章，都应先注意到译文的准确性，特别是它的政治性，如果疏忽，就会造成严重错误。

因为新闻报刊中文章涉及面广，要求译者有广博的知识，要见多识广。如有人不懂医学常识，把 local anaethesia（局部麻醉）译成"当地的麻醉方法"。由于没有国际常识，把美国的 colonel 译为"大校"（美国军阶分上校、中校、少校三类），把 two-star general 译为"二星上将"（美国将军佩二星者为少将，上将佩四星或五星）。

熟悉新闻术语对于翻译也十分重要，例如，在英国报界报道法律诉讼新闻时，常用 recorder 一词，我们绝不可以把它译为"记录官"，而应是指"刑事法官"。scenario 不是"电影剧本"而是指"活动计划""解决问题的方案""办事程序"等。

在遣词用句上，要注意不使用过激的言辞，要保持原文以传达"消息"、提供"事实"为目的的文字特点。同时，文体风格上也要保持不雅不俗，可以采用汉语中的新闻体的语言。我们还要尽量保持原文中用词新颖，富有表现力、感染力的特点。

第四节　艺术文体的特点及其翻译

一、艺术文体特点

一般说来，艺术文体的使用是相当广泛的，如小说、散文、诗歌、传记、游记等，都使用这一文体。当然，它们之间也是有一定区别的，有时区别还很大，如散文与诗歌，在语言的运用上就有较大区别：诗歌用韵，而散文则不要求；诗歌有一定格律，散文则没有；等等。但是总的来说，它们属于同一类，有其共同特点，如词汇丰富，语言形象生动，句法灵活，风格多样。

（一）词汇丰富

艺术文体的最明显的一个特点，就是其丰富的词汇。这是因为这种文体所涉及的题材、体裁很广，它可以涉及哲学、艺术、宗教、法律、科技，也可以取材于政治、经济、军事等各个方面，作家可以塑造各个领域的人物，可以描写各种各样的事物，而他们的描绘与记叙可以从不同角度着笔，可以有人物外表的刻画，也可以有心理活动的描写，可以有大自然的雄浑，也可以有人生的坎坷。作家笔下的人物有男有女，有老有少，形象不同，性格各异。而作家本人也有各自的风格，遣词用句、布局谋篇各有所不同，所以他们所用的词汇也是五色缤纷、包罗万象的。例如，在《最后的诊断》一文中就涉及许多医学方面内容，当然它的词汇也就进入了这一领域。

Elizabeth's brain clicked: question one. She asked, "What causes people to be born with different factors?"

"Mostly we inherit them, but that isn't important now. What's important is to remember that some factors are compatible and some are not."

"You mean…"

"I mean that when these blood factors are mixed together, some will get along quite happily, but some will fight one another and won't get along at all. That's why we are always careful in blood typing when give a transfusion. We have a transfusion. We have to be sure it's the right kind of blood for the person receiving it."

Frowning thoughtfully, Elizabeth said, "And it's the factors that fight each other—the incompatible ones—that cause trouble? When people have babies, I mean." Again her own classroom formula: be clear on each point before going on to the next.

Dornberger answered, "Occasionally they but more often they don't. Let's take the case of you and your husband. You say he's RH positive?"

"That's right."

"Well, that means his blood contains a factor called 'big D'and because you're RH negative you don't have any 'big D.'"

译文：第一个问题在伊丽莎白脑子里出现了，她问："人为什么出生就带有不同的因子？"

"大多数是遗传的，不过这个问题并不重要。重要的是你得记住有些因子是可以共存的，有些则不行。"

"你是说……"

"我是说当血液因子混合在一起时，有些会快快乐乐地相处在一起，有些则会彼此为敌打个不停。所以我们在输血时总是对血型十分小心。我们必须确定受血者能够接受哪种血液。"

伊丽莎白皱眉沉吟道："那么，不能共存的血液因子就会引起麻烦吗？我是指女人怀孕的时候。"这也是她在课堂里的一贯作风，在学习新进度之前，先把前面的每一个重点记清楚。

多恩贝格尔回答："有时会有麻烦，但大多数的孕妇都不会碰上。就以你和你的丈夫为例，你说他是 RH 阳性？"

"是的。"

"这表示他的血液中含有一种叫作'D 凝固素原'的因子，而你是 RH 阴性，所以血液中不含这种因子。"

很明显，这一段文字中涉及遗传学和医学等方面的词汇，如 factor、blood factor、blood typing、transfusion、person receiving blood、RH positive、RH negative、big D 等。

如果译者不懂这方面的知识，而把 factor 译成"因素、要素"就不对了，因为在遗传学上，它是"遗传因子，基因"之意。同样 transfusion 也不能译为"灌输、渗入"等，而只能译为"输血"，因为在这里它是医学术语。

而在马克·吐温的短篇小说《竞选州长》一文中竟多处使用了新闻文体和法律术语。例如：

BEHOLD THE MAN! The independent candidate still maintains silence. Because he dare not speak. Every accusation against him has been amply proved, and they have been indorsed and reindorsed by his own eloquent silence, till at this day he stands forever convicted. Look upon your candidate! Independents! Look upon the Infamous Perjurer! The Montana Thief! The Body-snatcher! Contemplate your incarnate Delirium Tremens! Your Filthy Corruptionist! Your Loathsome Embracer! Gaze upon him—ponder him well—and then say if you can give your honest votes to a creature who has earned this dismal array of titles by his hideous crimes, and dares not open his mouth in denial of any one of them!

译文：注意这个人！独立党这位候选人至今默不作声。因为他不敢答复。对他的控告条文都有充分根据，并且为他满腹隐衷的沉默所一而再、再而三地证实，现在他永远翻不了案。独立党的党员们，看看你们这位候选人！看看这位臭名昭著的伪证犯！蒙大拿的小偷！这位盗尸犯！好好看一看你们这位酗酒狂的化身！你们这位肮脏的贿赂犯！你们这位恶心的讹诈犯！你们好好看一看，想一想——这个家伙犯下了这么可怕的罪行，得了这么一连串倒霉的称号，而且一条也不敢张嘴否认，看你们愿不愿意把自己正当的选票去投给他！

在这一段文字里出现了一系列的法律术语，如 accusation、indorse、perjurer、body-snatcher、corruptionist、embracer 等。

在中国古典名著《红楼梦》中的词汇更为丰富，因为这部书中所涉及的方面十分广泛，有许多平时极为罕见的事物在书中都被提及，举十七回中的几句话可以略见一斑：

宝玉道："果然不是。这些之中也有藤萝薛荔。那香的是杜若蘅芜，那一种大约是茝兰，这一种大约是清葛，那一种是金萼草，这一种是玉蕗藤，红的自然是紫芸，绿的定是清芷。想来《离骚》《文选》等书上所有的那些异草：也有叫作什么藿蒳姜荨的，也有叫作什么纶组紫绛的，还有石帆、水松、扶留等样，又有叫什么绿荑的，还有什么丹椒、蘼芜、风连……"

译文："They certainly don't," interposed Pao-yu. "They are climbing fig and wistaria here, but the fragrance comes from alpinia and snakeroot. That one over there is iris, I fancy, and here we have dolichos dwarf-mallow and glyrcyrrhia. That crimson plant is purple rue, of course the green angelica. A lot of these rare plants are mentioned in the *Li Sao* and *Wen Hsuan*, plants with names like huona, chiangtan, tsulun and chiangtzu; shihfan, shuisung and fuliu luyi, tanchiao, miwu and fenglien..."

这里所提及的奇花异草，多数是我们闻所未闻的。不必说译，就是读懂也要花费些时日。以上仅举几个例子说明，艺术文体中的涉及面是十分广泛的。这就要求译者必须有宽阔的知识面和丰富的词汇量。翻译的问题绝不仅仅是语言问题，很重要的一个方面是知识领域的问题。

此外，文艺作品中作者写人状物，抒情陈述，所用的词汇又很不一样。

他们在描绘不同阶层、不同性格的人物时，用笔的方法也是不同的，在翻译时也不可忽视这一点，下面举几段关于女人形象的描写。

先看一看美国作家杰克·伦敦笔下的罗丝的形象：

She was a pale, ethereal creature, with wide, spiritual blue eyes and a wealth of golden hair. He did not know how she was dressed, except that the dress was as wonderful as she. He likened her to a pale gold flower upon a slender stem.

译文：她是一个苍白、轻盈的人，长着一双大大的、脱俗的蓝眼睛和一头浓密的金发。他没有看清她穿着得怎么样，只看清那身衣裳和她一样出色非凡。他把她比作长在一根纤细枝条上的一朵苍白的金花。

作者寥寥数笔便勾勒出一位出身上流社会的、华丽而又柔弱的小姐形象。

再看英国作家哈代笔下的苔丝形象：

She was a fine and handsome girl—not handsomer than some others, possibly—but her mobile peony mouth and large innocent eyes added eloquence to colour and shape. She wore a red ribbon in her hair, and was the only one of the white company who could boast of such a pronounced adornment.

译文：她是一个姣好齐整的女孩子——也许她跟几位别的女孩子比起来，不一定更姣好——不过她那两片娇艳生动的嘴唇，一双大而天真的眼睛，更使她在容貌和形象上添了一种动人之处。她头发上扎着一根红带子，在一片白色衣服的队伍里，能以这样惹人注目的装饰自夸的，只有她一个人。

再看看英国作家萨克雷笔下的利倍加的形象：

She was small and slight in person; pale, sandy haired, and with eyes habitually cast down; when they looked up they were very large, odd, and attractive.

译文：她身量瘦小，脸色苍白，头发是淡黄色的。她惯常低眉垂目，抬起眼来看人的时候，眼睛显得很特别，不但大，而且动人。

萨克雷笔下的利倍加的形象与其地位、性格是十分相近的。"惯常低眉垂目"是她在学校半教半读的低下地位所决定的，她不能如其他贵族小姐那样扬眉吐气，她偶尔抬起头时，眼睛特别，很动人，是她后来能混迹上流社会的资本。上述描述很易给人一种"寻常看不见，偶尔露峥嵘"的印象。

几位作家的笔下都写到了眼睛，但用笔各不一样，他们都成功地呈现给读者以他们所要刻画的形象。两处写到头发，人物的身份地位不同，用词也不一样，罗丝是 a wealth of golden hair，给人以雍容华贵之感，利倍加则是 sandy-haired，不仅颜色要浅些，同时也失去了华贵的意味，这是符合身份的。

那么译者在翻译这些形象时，必须十分谨慎，措辞炼句，着彩用墨不可以过，也不可以不及。以上的译文是成功地再现了原文的原意的。

由此可见，艺术文体是一种十分复杂的文体，其词汇十分丰富，要做好艺术文体的翻译，必须十分注意观察生活，扩大词汇量，以便得心应手地准确表达原文的内容。

（二）语言形象生动，句法灵活

艺术文体的另一显著特点是其语言生动、形象。各种修辞格在艺术语言中得到了充分的使用，句式变换也十分灵活，不拘一格。

例如，英国诗人彭斯有一首著名的诗《一朵红红的玫瑰》。

O, my luve's like red, red rose,

That's newly sprung in June.

O, my luve's like the melodie,

That's sweetly play'd in tune.

As fair art thou, my bonnie lass,

So deep in luve am I,

And I will luve thee still, my dear,

Till a' the seas gang dry!

Till a' the seas gang dry, my dear,

And the rocks melt wi' the sun,

I will luve thee still, my dear,

While the sands o' life shall run.

And fare thee weel, my only luve!

And fare thee weel, a while!

And I will come again, my luve,

Tho' it were ten thousand mile!

译文：

啊，我的爱人像一朵红红的玫瑰；

六月里迎风初开；

啊，我的爱人像一曲甜蜜的歌；

唱得柔美又合拍。

我的好姑娘，多么美丽的人儿！

我呀，多么深的爱情！

亲爱的，我永远爱你，

纵使大海干枯水流尽。

纵使大海干枯水流尽，

太阳将岩石烧成灰尘，

亲爱的，我永远爱你，

只要我一息犹存。

珍重吧！我唯一的爱人，

珍重吧，让我们暂时别离，

但我定要回来，

哪怕千里万里。

这一首短诗除了用韵以外，还运用了比喻、夸张、重复等修辞手法，使得这首诗情感充沛、音韵和谐，在翻译中译者保证了修辞格的再现，在韵律上也做了努力。也有些文章，虽然不是浓墨重彩，只是平铺直叙，但因笔触细腻，也十分生动、感人至深。所以在翻译文章时，要注意运用修辞和生动形象的语言来再现原文的风貌。

艺术语言的句法变化灵活多样，不呆板，这是不同于科学文体及其他文体的。例如，科学文体一般句式单一，结构雷同；但艺术文体则句式多变，简单句、复合句、独立结构、陈述句、疑问句、完整句、省略句、倒装语序、自然语序、直陈语气、虚拟语气等掺杂使用，使语言显得十分灵活，这就是艺术文体的一大特点。

这也就要求译者弄清层次，掌握语言的分寸，处理好多种句子的转换关系，忠实地再现原文。

（三）风格多样

艺术文体的语言还有一个特点，即风格的多样化，我们所说的风格，包括时代风格、民族风格、文体风格和作者的个人风格等。在艺术作品的翻译中，保存原文风格是一项十分重要的任务，也是一项十分艰巨的任务。要在译文中反映出原文的风格，必须先了解作品所处的时代，作家的写作特点等，虽然很难做到，但也必须尽量传达和保留原文风格，否则就会不忠实于原文。如有人把西方人生气地走开译作"拂袖而去"就是违反了民族风格，因为西方人并不穿中国的阔袖长衫。同样，把一篇典雅的文章译得太口语化就会失去原文的庄重，而把一篇通俗的文章译得过分书卷气，也会失去它的朴素。把结构严谨的文字译得太松散，或把行文流畅的文字译得艰涩难懂，都是违背原作者的写作风格的。

1. 时代风格

不同时期的作品反映不同时期的时代风格。古今中外都是如此，但是，我们并不是说，一定要用古文去译古英语，或用古英语去译古汉语。我们强调的是在字里行间使读者能窥见时代的风貌。例如，弗兰西斯·培根是与莎士比亚同时代的人，当时正是古英语过渡到现代英语的时期，我们称之为早期现代英语，在当时的英语中仍残留不少古英语的词义和词型，如在他的《谈读书》中就有相当于 makes 的 maketh，相当于 does not 的 doth not 等形式，有些词型虽同现代英语，但词义仍沿用古英语的词义，如 curiusly 相当于 with care 等，所以在翻译他的作品时，译文就不妨带些文言词语，以表现原文的时代风格。例如：

Studies serve for delight, for ornament, and for ability. Their chief use for delight, is in privateness and retiring; for ornament, is in discourse；and for ability, is in the judgement and disposition of business.

译文：读书足以怡情，足以傅彩，足以长才。其怡情也，最见于独处幽居之时；其傅彩也，最见于高谈阔论之中；其长才也，最见于处世判事之际。

虽然在所列举的英文段落中没有古英语的遗痕，但因篇中有，所以译时以上述译文的文体来译就为合宜。因为译文中也采用了一些古汉语的句式和助词，如"之""也"等。

反之，如果原文不是带有古风的，如狄更斯是 19 世纪作家，其作品是纯粹的现代英语，再用古文来译则不合适了。例如：

The first objects that assume a distinct presence before me, as I look far back, into the blank of my infancy, are my mother with her pretty hair and youthful shape, and Peggotty, with no shape at all, and eyes so dark that they seemed to darken their whole neighbourhood in her face, and cheeks and arms so hard and red that I wondered the birds didn't peck her in preference to apples.

I believe I can remember these two at a little distance apart, dwarfed to my sight by stooping down or kneeling on the floor, and I going unsteadily from the one to the other. I have an impression on my mind which I cannot distinguish from an actual remembrance, of the touch of Peggotty's forefinger as she used to hold it out to me, and of its being roughened by needlework, like a pocket nutmeg-grater.

译文：予生小最先记忆者，则吾母秀发满头；又忆及壁各德面目臃肿，二肱及二颊至红酣，吾恒指其颧以为苹果，进而吮之。又忆得母及壁各德分蹲于地，令余学步，左右趋投其身。而壁各德常伸一指令予攀之学步，余但觉其指粗极。

这是林纾的译文，他虽是中国翻译小说第一人，但其中漏译、误译且不说，单从文体而言，是很难为今日读者所接受的，他所用的词语及句式也是与原文风格不符的。这会使我国读者感到狄更斯也是一位古代作家。所以时代风格是翻译时所要注意的问题。

2. 民族风格

各个民族在长期的生活中形成了自己的带有浓厚民族色彩的文化，在社会习俗上也各有特点，这些无不反映到文艺作品中来。在翻译的时候，这是一个不可避免的问题。

例如，有人把外国的人名译得和中国人名一个样，如果不是为人们所熟悉的人或已经约定俗成的固定译法，是不可取的，因为这失去了它的民族特色。如苏联的民族英雄 Cha-payev 被译作"夏伯阳"，似乎成了中国人，但后来逐渐为人们所熟知，也就不以为然了，后来有人又按规范的译法来译为"恰巴耶夫"时，许多中国读者竟不知他就是大名鼎鼎的"夏伯阳"了。类似如"白求恩"（Bethune），"萧伯纳"（Bernard Shaw），译者特意按中国人的习惯把英国人的姓名放在名字的前面，这都是违反民族风格的，但已成定译，就不易更改了。我们再进行其他人名的翻译时要注意，不能再犯类似的错误。

有些情况是译者在不知不觉中把带有中国民族色彩的词用在翻译外国文学作品中了。例如：

① The moon made a pathway on the broad river for the light feet of Siva's bride.

译文：月光倾泻在宽阔的河面上，照出一条路来，湿婆神的新娘可以在河面上轻移莲步。

显然，"轻移莲步"是带有浓厚的中华民族的风格的，只有在中国封建社会，妇女缠足，才有"三寸金莲"之说，外国是没有的，所以这里应该译为：

月光倾泻在宽阔的河面上，为步履轻盈的湿婆神的新娘照出一条路来。

② He turned to the columns in which were announced the births, deaths and marriages.

译文：他转而去看报上登载添丁得女、红白喜事的专栏。

在颜色的使用上东西方有所不同，中国红色表示喜庆，结婚时要穿红，而西方以白色为纯洁，新娘要穿白色衣裙，而在中国葬礼时人们才穿白色的衣服，这是很有区别的，所以应改为"生死婚嫁"为好。

也有时是因为译者对西方习俗不清楚而译错。例如：

③ You needn't have bothered to dress on my account.

译文：你原没有必要为我这么穿戴一番。

但这里 dress 一词不是指一般的穿衣，而是指 put on evening dress（穿上晚礼服）。

所以该译为：

你原没有必要为了我而穿起晚礼服来。

总之，反映在作品中的民族风格的问题是很多的，这需要我们在读原文和进行翻译时要时时注意，以免出现不应有的误译。

3. 文体风格

这里所说的文体是针对艺术文体中的各种不同体裁而言的，因为艺术文体包括小说、散文、诗歌等，在语言的运用上还有文白之分，书面语与口语体之别。如散文与诗歌的翻译自然应有区别，有人提出"译诗须像诗"这是对的，因为诗毕竟是诗，不同于散文，诗有字数、格律和韵律的限制，尽管汉英的诗体不完全一样，但总是有许多相似之处的。

例如，我国翻译家戴镏龄所译的莎士比亚的一首十四行诗，就是很好的一例。

Shall I compare thee to a summer's day?

Thou art more lovely and more temperate,

Rough winds do shake the darling buds of May,

And summer's lease hath all too short a date,

Sometime too hot the eye of heaven shines,

And often is his gold complexion dimm'd;

And every fair from fair sometime declines,

By chance, or nature's changing courser, untrimm'd;

But thy eternal summer shall not fade,

Nor lose possession of that fair thou ow'st,

Nor shall death brag thou wander'st in his shade,

When in eternal lines to time thou grow'st;

So long as men can breathe, or eyes cane see,

So long lives this, and this gives life to thee.

译文：我怎样能把你比做夏天？

你比它更可爱也更温和，

五月的娇蕾有暴风震颤，

夏季的寿命很短就渡过。

有时候当空照耀着烈日，

又往往它的光彩转阴淡；

每件美艳终把美艳消失，

　　遭受运数和时序的摧残。

　　你永恒的夏季却不凋零，

　　而且长把你的美艳保存；

　　死神难夸你踏它的幽影，

　　只因永恒的诗和你同春。

　　天地间能有人鉴赏文采，

　　这诗就流传就教你永在。

　　译文保持了诗的格式和韵律，使人看起来是诗，读出来也是诗。这就是保存了原文的文体风格。反之如以散文来译，自然达不到这样的效果。

　　文章除了体裁外，在语言的运用上也有风格上的区别，如有的文，有的白，有的典雅庄重，有的轻松诙谐。例如，1936 年，当英王乔治五世死时，四十二岁的皇太子爱德华八世继位，但他因爱上一个美国女人而受到内阁和教会的反对，他决心让位给他的弟弟（乔治六世）而同爱人出国。在他禅位时，曾向国民广播，他说：

At long last I am able to say a few words of my own. I never wanted to withhold anything, but until now it has been not constitutionally possible for me to speak.

But you must believe me when I tell you that I have found it impossible to carry the heavy burden of responsibility and to discharge my duties as King as I would wish to do, without the help and support of the woman I love.

　　这是一篇口语体的讲话，十分自然，但到了第二天早上，在报纸上所出现的禅位书上的这两段话就完全成了书面语了，变得文绉绉的。

The moment seems ultimately to have arrived when the undersigned, on his own initiative, may issue a statement. At no time have I been inclined to secretiveness, but until now I have been constrained by the Constitution from expressing myself before the forum of public opinion.

But you must accord me credence when I state to you that I found it impossible to endure the heavy burden of responsibility and to consummate the fulfillment of my stewardship as king without the assistance and cooperation of the lady upon whom I have bestowed my affection.

　　对比这两段文字，我们会发现，尽管它们的意思没有变，但语体已全然不同，当然在翻译时就不能用一样的文字来译。例如，the woman I love 可以译作"我所爱的女人"，而the lady upon whom I have bestowed my affection 就要译成"我所为之倾心的这位夫人"了。

　　有时候，作者为了表现作品中某一特殊形象，而在语言上有所体现，这时我们也要注意保存原文的风格。例如，《大卫·科波菲尔》中的辟果提这个人物，是一个没有文化的人，

说起话来也不规范，在译他的话语时要注意反映他的这一特征。如，

"I kep it from her arter I heard on it," said Mr Peggotty, "going on nigh a year. We was living then in a solitary place, but among the beautifullest trees, and with the roses a-covering our Bein to the roof..."

译文："起那时俺听了消息后，"辟果提先生说，"瞒着她快一年了。俺们那时呆的地方挺背，前后八方的树林子说不出的顶漂亮，屋顶尽是蔷薇花儿…"

在汉译英中也同样如此，如在《上海的早晨》一书中，冯家祥与徐义德的小老婆林宛芝关系暧昧，当冯家祥见到林宛芝时故意故作昵态，与她用戏剧腔说话调笑。

冯家祥恭恭敬敬向林宛芝一揖到底，一边说："请恕我迟到，小生这厢有礼了。"

翻译这句戏剧腔的古文时也要用更正式的英语来译：

He bowed deeply to her with an expression of great respect and said in the manner of an actor opera:" Madam, that I should late arrive your pardon now I humbly crave."

4. 作者的个人风格

作者各有各自的风格：有的纤细，有的粗犷，有的含蓄婉约，有的则明朗奔放，有的善写人，有的善状物，各具一格。在译时也不可不先研究作者的风格问题，否则不能使译文忠于原文。例如：我们前面举过的彭斯的诗《一朵红红的玫瑰》，就是一首诗风质朴坦率、节奏活泼轻快的好诗。这是因为作者彭斯本人就是一位苏格兰农民诗人，所以译他的诗不应带有书斋的气氛，但有人就译得过于学究气：

颖颖赤情靡，首夏初发苞。

恻恻清商曲，眇音何远姚？

予美凉天绍，幽情申自持。

沧海会流枯，顽石烂炎熹。

微命属如缕，相爱无绝期。

掺袪别予美，离隔在须奥。

阿阳早日归，万里莫踟蹰。

在这位译者的笔下，彭斯也会变成中国的老学究，所以保持作者的风格是很重要的。再如，乔治·奥威尔是现代英语散文的大师，他的散文是以语言清晰为主要特点的，他反对浮夸文体，主张明晰畅达，但他的语言没有口语化的特征，在翻译时，必须注意他的这一语言特点。例如：

But what is strange about these people is their invisibility. For several weeks, always at about the same time of day, the file of old women had hobbled past the house with their firewood, and though they had registered themselves on my eyeballs I cannot truly say that I had seen them. Firewood was passing—that was how I saw it. It was only that one day I happened to be walking behind them, and the curious up-and-down motion of a load of wood drew my attention to the human being beneath it. Then for the first time I noticed the poor old earth-coloured bodies, bodies reduced to bones and leathery skin, bent double under the crushing weight.

有人译为：

这些人怪就怪在你压根儿看不见他们。一连几个星期每天老在那个时候，一伙老太婆，一个接上一个，身背柴火，一瘸一拐地在我屋前走过。她们确实在我眼前走过去了，可说实在的，我没法说见到了她们——老太婆不起眼，起眼的是柴火。有一天碰巧，我走着走着，只见眼前一堆柴火，莫名其妙地在一瘸一拐地往前挪。我这才打头回见到柴火下的人，那些个穷老太婆，个个皮包骨，肉色如土，被那压得断脊梁骨的包压得差点儿头着了地。

很显然，这种译文就不符合原作者的语言风格，用了许多十分口语化的词语，如"压根儿""不起眼""打头回""说实在的"。这里，虽然没有理解上的问题，译文本身也是流畅的，但是语言风格与原作者是格格不入的，也不能算作忠实的译文。所以在翻译时，注重语言风格的问题也同样是一个十分重要的内容。

二、几种常见艺术文体翻译

艺术文体包括小说、散文、戏剧、诗歌等，它们之间也各有差异，在翻译中有不同的要求，例如，小说、散文与诗歌的翻译就有较大的区别。所以，这里有必要把几种常见的艺术文体的具体翻译要求叙述一下。

（一）小说、散文的翻译

小说是作者通过完整的故事情节、具体的环境描写和典型人物的刻画来形象地反映社会生活和表现主题思想的。所以，小说作者不是把他要表达的主题思想明明白白地写在纸上，而是要读者或译者去理解和体会的。这就要求译者在翻译小说之前，首先要明确作品的写作背景和创作意图，以及作者的思想倾向和立场观点。所以译者在动手翻译某篇作品之前，要反复阅读原文，研究原文，对原文的整个情节有所掌握，同时还要了解作者的有关材料，不然就不可能理解和掌握作品的构思、发展脉络、情节安排，更不能抓住作品的主题思想。这样就难以把握译文的遣词造句的轻重分寸，褒贬也很难用得恰到好处。

例如，要翻译海明威的作品，必须知道他是生活在两次世界大战期间的作家，并亲身受到两次大战的洗礼这样的事实，所以在他的作品里，如《太阳照样升起》中，集中反映了战争大规模的伤害和破坏的现实，以及战争使当时的一代青年思想失意和混乱，使他们成为"迷惘的一代"的情况。

同时，对作家所采用的写作手法也要有所了解，如海明威有时采用意识流的写作手法，他在《乞力马扎罗的雪》中把缘情、写景、回忆、联想、幻觉、梦境等混在一起，打破时间和空间的界限，把主人公哈里的一生全盘托出，这就是典型的意识流手法。只有了解了上述几点，才能更深刻地理解作品的主题，并使译文更忠实地再现原作的主题。同时，在理解原文时，也有助于理解作者所安排的叙述发展层次，不至于失去主旨，搞错情节。绝不可以看一句，译一句，那样只能导致译文上下不连贯、情节混乱、主题不明。

此外，要抓住作者在一篇作品中的主要基调，是轻松幽默，还是严肃持重，是激扬还是抑郁，这对译文的准确遣词用句是十分必要的。

例如，对澳大利亚农村风光，人们抱着两种截然不同的态度，一些诗人把澳大利亚的农村看成一种田园诗，是美的，而一些散文家则把它看成一种含有怪异的令人伤感的景色。而澳大利亚的著名短篇小说家亨利·劳森就是持后一种观点的，在他写的《牧人之妻》一文中便有明显的体现。在文章开头，描写农村景色时这样写道：

Bush all round—bush with no horizon, for the country is flat. No ranges in the distance. The bush consists of stunted, rotten native apple-trees. No undergrowth. Nothing to relieve the eye save the darker green of a few she-oaks which are sighing above the narrow, almost waterless creek. Nineteen miles to the nearest sign of civilization—a shanty on the main road.

译文：四周都是树丛———一望无际的树丛，因为这块土地平坦无垠。远处看不到山脉。这些树丛是矮小、枯烂的本地苹果树，树下光秃秃的。除了几棵深绿色的木麻黄树之外满目荒凉，木麻黄树在狭窄的几乎干涸的小溪上发出哀鸣，这里距离最近的人类文明迹象——大路边的一幢简陋的小屋也有十九英里。

这里，"光秃秃""满目荒凉""干涸的小溪""哀鸣""简陋的小屋"等词句足以把作者的主要基调表现出来。读起来，使人感到澳大利亚的农村荒凉、冷漠。但果没有把握这种基调，很可能译作"树下没有杂草""除了几株深绿色的木麻黄树可以令人赏心悦目外，别的就没有什么了""木麻黄树在几乎没有水的小溪上轻声叹息"。这样的译文就没有反映出作者的基调，违背了作者的原意。

散文与小说比较，它没有完整的故事情节，按其内容来划分，有记叙散文和抒情散文两种，所以在翻译之前，要分清它们是哪一种散文。记叙散文虽然以写人记事为主，但与小说绝不一样，它的结构自由而多变，常常综合地、灵活地运用记叙、描写、议论、抒情等手法，这就要求译者的手法要随着作品的变化而变化。例如：

It was an autumn night in my native Nova Scotia. A light rain was falling, pattering on the porch roof, and it was cold enough for a fire on the Franklin stove.

My father went over to the piano and began picking out a tune with one finger. My mother smiled as though recognizing a signal, put down her sewing and joined him on the bench. In a moment they were singing—he in his sweet high tenor, Mother in her crystal clear soprano. My brother, coming in at that moment, drifted to the piano and joined in. Finally, I, the non-singer of the family, added my voice, and for once I held a makeshift also for a line or two. My father gave me a hug."See, you can," he said."That was good."

I have often remembered how warm and happy—and loved—I have felt at that moment.It took me years, though, to learn that the love surrounding our family didn't just happen. We had to learn about love from one another. In fact, love never just happen—not even to people who seem as naturally loving as my mother and father. But there is, I think, a climate that is best for love, a way of living that hastens maturity of this matchless gift.

译文：在我的故乡新斯科舍的一个秋夜。小雨不住地下，落在走廊的房顶上滴答作响。天气已经凉了，完全可以把我家那富兰克林式的炉子生起来。

爸爸走到钢琴前，用一个指头弹了个调子。妈妈笑了，像认出什么信号似的，立刻放下手中的针线，和爸爸一同坐在长凳上。不一会儿他们就唱开了——爸爸用的是甜美的男高音，妈妈是清澈透亮的女高音。适才进屋的哥哥也不知不觉地走到钢琴前和他们一齐唱了起来。最后，就连我——我们家最不会唱歌的人，也破天荒第一次凑上去，用不太高明的低音唱了几句。爸爸把我紧紧地抱住说道："啊，你会唱歌，太好啦！"

我经常想起我当时所感受到的那种温暖、幸福与爱，尽管好多年以后我才弄明白萦绕在我们家庭里的爱并不是自动产生的。人们必须彼此得到爱的信息。其实，爱绝不会自动产生，即使对于像我父母那样爱得很自然的人，爱也不是自动产生的。但是我认为有一种非常适合爱的情感增长的气氛，这种生活方式能够促成爱这个无与伦比的天赋达到成熟的地步。

在这篇散文的开头三个自然段中就包括了景物环境的描写，事件的叙述，以及作者的议论。

在翻译景物描写时，须注意到，作者的描写都是为创造一个特定环境以衬托事件而做的努力，目的是给人以一个"视觉的联想"，形成一定的气氛，为主题服务。如这篇散文开头的"秋夜""雨声"是为了给人以"秋雨淅沥，寒意袭人的凄清气氛"，但作者的家庭因为充满了爱，家人团聚，气氛和谐，又给人以春光融融、天伦之乐的图景，前后映衬，使人深深感到"爱"的力量，为主题的突出起到了有力的作用。所以在翻译这段文字时，要逼真、细腻、用词得当、忠实再现，不应认为这一段是无足轻重、可有可无的，因而马虎从事。

对于事件的叙述文字的翻译，要注意语言朴素、简洁，层次清楚，例如，上面这段文字中第二自然段是叙事，语言十分朴素、简洁，只用了极少量的修饰性词语，但一幅家庭和谐、气氛融洽的天伦行乐图景呈现在读者眼前。翻译时要注意原文的以上特点。

在翻译议论性文字时，应注意议论语言的概括性、深刻性，这对深化主题是十分重要的，如第三自然段便是议论。翻译这段文字时，就要注意以上特点，可以使用一些抽象词语，如"温暖""幸福""爱""信息""气氛""天赋""成熟"，给人以概括和深刻的感觉。

抒情散文是以抒发作者感情为主的散文。在抒情散文中，一般没有贯穿全篇的完整故事，因而它本身也没有完整的情节，作者的观点是在对事物抒发的感情里表达出来的。

好的散文应该具有描写美、意境美和哲理美的特点，在翻译时要特别注意保持这几种美，这是散文翻译与其他翻译所不同的地方。

（二）诗歌的翻译

诗歌是一种高度集中地反映现实生活，充满着丰富感情和想象的，语言凝练而且音韵和谐的文学体裁。正是因为诗歌有着以上特点，所以在翻译上是十分困难的。有人甚至认为诗歌是翻译中失去的东西，也就是说，诗歌是不可译的，但是大量的翻译实践证明，诗歌也是可以翻译的，这在于艺术的再创造。翻译诗歌同翻译小说、散文不一样，难度要大得多，所以初学翻译的人不宜从翻译诗歌入手。诗歌的翻译要做到意美、音美、形美。

首先，是意美。所谓意美，就是要深刻体会原诗的意境，并忠实地再现出来。诗歌最讲求意境的美。例如，唐朝著名诗人刘禹锡的《石头城》就是寓意深刻、意境深远的一首怀古诗。

山围故国周遭在，潮打空城寂寞回。

淮水东边旧时月，夜深还过女墙来。

六朝时代繁华一去不返，至初唐，已废为空城，潮水拍打着城墙，又寂寞离去，只有月亮，似有旧情，依旧照在这空废的旧城。兴衰之感，读后油然而生，并使人产生对历史的反思，很有意境，耐人寻味。翻译时，也必须注意这种意境的传达，给外国读者以同样的感受。

译文：Hills surround the ancient kingdom,

They never change.

The tide beats against the empty city,

and silently, silently returns.

To the East, over the Huai River the ancient moon,

Through the long, quiet night it moves,

crossing the battlemented wall.

译文也给人一种物是人非的感觉。眼前凄凉的景象使人联想到六朝设都时的鼎盛繁华，时代的变迁，朝代的更替，自然使人深思，所以意境的传达是最为重要的一点。要保证译作的意美，必须提高译者对诗歌的艺术鉴赏水平和审美能力。

其次，是音美。诗的音美主要体现在韵律上，这是它与散文的区别，所以译诗应体现出这一特点。原文是诗，译文读起来也应是韵律和谐的诗歌。当然，这是十分困难的。

如果力所不及，也可以译为散文诗，而不应因韵害意。但好的译诗也应该是诗。如鲁迅的无题诗：

万家墨面没蒿莱，敢有歌吟动地哀。

心事浩茫连广宇，于无声处听惊雷。

译文：The gaunt-faced commoners are buried by weeds,

None dares to sing a dirge to move the earth to grief.

When thoughts spread wide to fill the whole of space,

Amid the silence comes the crash of thunder.

最后，是形美的问题。英诗以音节为形的标志，如英雄双行诗每行五音步、十音节，而亚历山大体为六音步、十二音节，而汉语诗则是以字数为标志，如五言诗、七律诗，所以，要在诗的翻译上求得形上的一致是不可能的。但是，我们却可以在汉译英时按英诗的音步格律来译，而英译汉时，不妨按五七言使之达到形的整齐。

例如，英国宫廷派诗人托马斯·卡鲁的一首诗，郭沫若就是用汉语五言诗的格式来翻译的。

He that loves a rosy cheek,

Or a coral lip admires,

Or from star-like eyes doth seek,

Fuel to maintain his fires；

As old time makes these decay,

So his flames must waste away.

But a smooth and steadfast mind,

Gentle thoughts, and calm desires,

Hearts with equal love combined,

Kindle never-dying fires;

Where these are not, I despise

Lovely cheeks lips or eyes.

译文：颊如玫瑰红，唇如珊瑚赤。

星眼珠耀然，有人为之热；

迟暮俱凋谢，热情亦衰竭。

心平气亦和，宁静而谦抑，

一视能同仁，爱之永不灭；

世若无斯人，颊唇眼何益?

汉语诗，尤其是古诗，不仅字数有一定要求，其中字句对仗也十分严谨，例如中国的律诗的中间四句要求是很严格的对仗关系，要传达这种形美是相当不容易的。但如果译者驾驭两种文字的能力很强，亦是可以译出来的。例如，许渊冲所译的《唐诗英译》就有这样的例子，他所译的杜甫的《登高》就是这样的。

风急天高猿啸哀，渚清沙白鸟飞回。

无边落木萧萧下，不尽长江滚滚来。

万里悲秋常作客，百年多病独登台。

艰难苦恨繁霜鬓，潦倒新停浊酒杯。

杜甫的这一首诗对仗十分工整，曾被人誉为"古今七律第一"。当然，要译为也富于形美的英文是十分困难的，许渊冲的译文就达到了这个要求。

The wind so swift, the sky so steep, sad gibbons cry;

Water so clear and sand so white, backward birds fly.

The boundless forest sheds its leaves shower by shower;

The endless River rolls its waves hour after hour.

Far from home in autumn, I'm grieved to see my plight;

After my long illness, I climb alone this height.

Living in hard times, at my frosted hair I pine;

Pressed by poverty, I give up my cup of wine.

译文不仅韵律和谐，而且句句对仗，表达了原诗的形美，是难得的佳译。

当然，在译诗的过程中，要同时达到"三美"有时是很困难的。它们之间也不是并列的关系，首先应该注意的是意美，即传达原诗的意境之美，其次才是求其音韵之美，最后是形之美。一定不可以本末倒置，使译作不忠实于原意。

📖 思考与练习

一、思考题

1. 科技文体有哪些特点？
2. 在翻译应用文体的文章时要注意哪些问题？
3. 诗歌的翻译要注意哪些问题？

二、练习题

1. As oil is found deep in the ground, its presence cannot be determined by a study of the surface. Consequently, a geological survey of the underground rocks structure must be carried out. If it is thought that the rocks in a certain area contain oil, a "drilling rig" is assembled. The most obvious part of a drilling rig is called "a derrick". It is used to lift sections of pipe, which are lowered into the hole made by the drill. As the hole is being drilled, a steel pipe is pushed down to prevent the sides from falling in. If oil is struck a cover is firmly fixed to the top of the pipe and the oil is allowed to escape through a series of valves.

2. Protection against complete structural failure is achieved in three different ways: first, by proper selection of material especially, in high load areas, to provide a consistent slow rate of crack propagation, and high residual strength; second, by providing such multipath structure on the airplane that the loss of any one segment would not endanger the airplane; and third, by providing readily accessible structure which can be inspected and maintained properly.

参考文献

[1] 胡文仲 . 跨文化交际学概论 [M]. 北京：外语教学与研究出版社，1999.

[2] 蒋磊 . 英汉习语的文化观照与对比 [M]. 武汉：武汉大学出版社，2000.

[3] 李瑞华 . 英汉语言文化对比研究 [M]. 上海：上海外语教育出版社，1996.

[4] 李勇忠 . 语言转喻的认识阐释 [M]. 上海：东华大学出版社，2004.

[5] 刘宓庆 . 新编汉英对比与翻译 [M]. 北京：中国对外翻译出版公司，2006.

[6] 许余龙 . 对比语言学 [M]. 上海：上海外语教育出版社，2002.

[7] 叶子南 . 高级英汉翻译理论与实践 [M]. 北京：清华大学出版社，2001.

[8] 肖东波，唐俊 . 英汉流行语翻译理论简析 [J]. 科教导刊（上旬刊），2017（25）：28–29.

[9] 蔡凉冰 . 浅谈英汉长句翻译技巧 [J]. 英语广场（学术研究），2012（1）：22–25.

[10] 李晓露 . 论中西文化差异对翻译的影响 [J]. 学园，2017（3）：106–107.

[11] 韩婧怡 . 浅谈英汉翻译差异 [J]. 青年文学家，2020（8）：192.

[12] 刘冰泉，张磊 . 英汉互译中的认知隐喻翻译 [J]. 中国翻译，2009，30（4）：71–75.

[13] 唐楠 . 英汉互译中的认知隐喻翻译探究 [J]. 文教资料，2018（30）：19–20.

[14] 郑萍 . 汉英习语翻译的文化意象传递问题分析与对策 [D]. 杭州：浙江工商大学，2015.

[15] 文婕 . 基于功能派翻译理论的商标名称英汉互译 [D]. 北京：北京第二外国语学院，2012.

[16] 张春芳 . 功能翻译理论视阈下的学术论文摘要英译研究 [D]. 上海：上海外国语大学，2012.

[17] 杨蕾 . 试论汉英习语的文化差异及其翻译问题 [D]. 苏州：苏州大学，2012.

[18] 熊德米 . 基于语言对比的英汉现行法律语言互译研究 [D]. 长沙：湖南师范大学，2011.

[19] 王欣欣 . 英汉习语文化对比与翻译研究 [D]. 南宁：广西大学，2008.